WECKE DEN HEIMWERKER IN DIR!

Das do it yourself Heimwerker Buch für dein Zuhause

1. Auflage

ISBN: 9798682398393

Inhaltsverzeichnis

Über dieses Buch 1

1. Werkzeuge, Baumaterialien und Techniken 4

1.1. Basis-Werkzeug 4

1.2. Erweitertes Werkzeug 14

1.3. Zur Werkzeugqualität 18

1.4. Baumaterialien 19

1.5. Techniken und Sicherheit 20

2. Wände, Decken und Böden 25

2.1. Tapete ausbessern 25

2.2. Löcher und Risse ausbessern 26

2.3. Putzarbeiten an der Wand 27

2.4. Richtig dübeln 28

2.5. In einer porösen Wand dübeln 30

2.6. Holzdecke streichen 32

2.7. Holzboden ausbessern 34

2.8. Boden abschleifen 36

2.9. Holzfußboden lackieren oder ölen 39

2.10. Laminat reparieren oder austauschen 42

2.11. Natursteinboden reinigen und pflegen 44

2.12. Teppichboden ausbessern 45

3. Fenster und Türen 49

3.1. Fenster abdichten 49

3.2. Was tun, wenn das Fenster klemmt? 52

3.3. Gummidichtungen pflegen 54

3.4. Oberflächenschäden am Fenster ausbessern 55

3.5. Montage von Fensterbeschattungen 58

3.6. Holzfenster streichen 61

3.7. Türen abdichten 63

3.8. Türen kürzen 65

3.9. Türschloss auswechseln 67

3.10. Scharniere pflegen 69

4. Möbel 72
4.1. Stuhl reparieren 72
4.2. Sitzfläche von Sitzmöglichkeiten reparieren 74
4.3. Schubladen reparieren 81
4.4. Schranktüren ausrichten 83
4.5. Risse im Holz reparieren 84
4.6. Möbeloberfläche auffrischen 86
4.7. Flecken auf Textilbezügen und Glattleder entfernen 89
4.8. Bett reparieren 91
5. Küche und Bad 95
5.1. Standherd höhersetzen 95
5.2. Spüle abdichten 97
5.3. Kühlschrank richtig aufstellen 99
5.4. Küchenoberschränke anbringen 101
5.5. Dunstabzugshaube installieren 104
5.6. Standherd und Arbeitsplatte abdichten 106
5.7. Tropfenden Wasserhahn reparieren 107
5.8. Armaturen austauschen 110
5.9. Kalk entfernen 111
5.10. Einzelne Fliesen austauschen 113
5.11. In gefliesten Wänden dübeln 115
5.12. WC-Schüssel austauschen 117
5.13. WC-Sitz austauschen 119
5.14. Schwingungsdämpfer an der Waschmaschine anbringen 121
5.15. Erste Hilfe beim Rohrbruch 122
5.16. Silikonnaht erneuern 124

6. Strom, Internet und Beleuchtung 129
6.1. Lampe anschließen 129
6.2. LED-Birne und Leuchtstoffröhre auswechseln 131
6.3. Lichtschalter austauschen, Dimmer einbauen 133
6.4. Telefon- und Internetkabel fixieren 135
6.5. ISDN-Verkabelung 137
6.6. Netzwerkdosen und -leitungen verlegen 138
6.7. Powerline einrichten 140
7. Heizung 143
7.1. Thermostatventil auswechseln 143
7.2. Heizkörper entlüften 145
7.3. Heizungs- und Wasserrohre isolieren oder verkleiden 146
7.4. Kaminofen reinigen 148
Haftungsausschluss 153
Bildnachweis 154
Impressum 155

Über dieses Buch

„Do it yourself“ ist in Mode - und seien wir mal ehrlich, so schwierig ist es nicht, etwas selber zu reparieren oder zu bauen. Jeder kann irgendetwas. Bestimmt wirst du schon ein Scharnier geölt oder Pinsel und Farbrolle in der Hand gehalten und eine Wand gestrichen haben. Wobei, seien wir auch da ehrlich, das gehört natürlich zu den einfacheren Angelegenheiten. Wenn es komplizierter wird und vielleicht auch noch Elektrowerkzeuge ins Spiel kommen, denkt sich so mancher Haus- und Wohnungsbesitzer oder -besitzerin, dass man doch vielleicht den Handwerker holen sollte. Dann erspart man sich nicht nur Zeit, sondern auch eine Menge Ärger, und obendrein sieht es besser aus.

Denkst du nicht so? Gut. Dieses Buch ist an all die Frauen und Männer gerichtet, die sich selbst an die Reparatur und Pflege des Hauses wagen wollen, aber noch nicht so recht trauen. Reparaturen in Eigenleistung sehen gar nicht schlecht aus, wenn du die richtige Anleitung in Händen hältst. Und günstiger als ein Handwerker sind sie allemal. Bücher über das Heimwerken finden sich allerdings wie Sand im Zement. Manche beschreiben die Grundlagen für diejenigen, die sich praktisch noch nie mit der Materie beschäftigt haben, andere wiederum sind für die fortgeschrittenen Heimwerker gedacht.

Hier geht es um die wichtigsten Arbeiten, die in den unterschiedlichsten Bereichen des Hauses anfallen können. Dabei werden weder die einfachsten noch die schwierigsten Arbeiten beschrieben – eine Information, wie du eine Wand streichst, wirst du hier genauso wenig finden, wie eine Anleitung zum Bau einer Treppe. Teilweise wirst du einfache Tricks kennenlernen, die dir das Leben schwer erleichtern. In anderen Fällen bekommst du detaillierte Anleitungen zum Lösen komplexerer Probleme.

Zu den Anleitungen gibt es kurze Hinweise, die sich auf Zeitaufwand, Kraftaufwand und Vorkenntnisse beziehen. Die benötigte Zeit ist eine Richtlinie. Es kommt darauf an, ob du etwas zum ersten Mal machst oder nicht und wie lange du benötigst, um das Material zu beschaffen (liegt es in einer Schublade parat oder musst du es anrühren). Der Kraftaufwand ist so beschrieben, dass die Reparaturarbeit von Frauen und Männern gleichermaßen ohne Anstrengung durchgeführt werden kann, wenn es sich um einen 'niedrigen' Kraftaufwand handelt. 'Mittel' bedeutet, dass du wahrscheinlich gelegentlich eine Pause machen musst, 'hoch' dagegen bezieht sich vor allem auf das Gewicht des Werkzeugs oder der Maschinen. Die Reparaturarbeiten selbst sind nicht mit einer großen Kraftanstrengung verbunden. Was die Vorkenntnisse betrifft: Wenn es heißt 'keine', bezieht sich das auf handwerkliche Techniken und den Einsatz gefährlicher Maschinen wie der Handkreissäge. Dass du eine Bohrmaschine verwenden kannst, wird allerdings vorausgesetzt. Wenn du das noch nie gemacht hast, nimmst du die Bohrmaschine mit an einen Ort, an dem dich niemand sehen kann und bohrst dort ein paar Löcher in ein Brett. So kannst du einfach testen, wie sich das für dich anfühlt.

Ach ja, und noch eine Sache zum Schluss: Wenn du dich an die verschiedenen Werkzeuge wagst, solltest du dafür sorgen, dass du sicher arbeitest. Das heißt, ein paar handwerkliche Regeln sind zu beachten, auch wenn du 'nur' ein Heimwerker bist. Aber: Spaß machen soll die Sache ja auch. Wer dieses Buch ganz oder teilweise gelesen hat, wird diesen sicher haben.

1

Werkzeuge, Baumaterialien und Techniken

1. Werkzeuge, Baumaterialien und Techniken

Der größte Schatz des Heimwerkers ist sein Werkzeug. Selbst wenn das Können noch nicht so groß ist, mit dem richtigen Arbeitsgerät lässt sich allerhand erreichen. Die Frage ist nur: Welches Werkzeug benötigst du unbedingt und auf welches kannst du verzichten? Eine ähnliche Frage stellt sich bei den Baumaterialien. Was musst du unbedingt zu Hause haben, was kannst du kaufen und was solltest du lieber nicht zu lange aufbewahren? Und dann ist da noch die Frage der Arbeitstechniken. Was muss ich beim Bohren beachten und was darf ich nach dem Gebrauch von Elektrowerkzeug nie, also wirklich nie, machen? All das wird in diesem Kapitel besprochen.

1.1. Basis-Werkzeug

Werkzeug ist nicht gleich Werkzeug. Es gibt gutes und schlechtes, notwendiges, sinnvolles und (zumindest für den Heimwerker) überflüssiges Werkzeug. Was in jedem Haushalt zu finden sein sollte, sind vor allem Handwerkzeuge, aber auch das eine oder andere elektrische Gerät:

1. Hammer
2. Messwerkzeuge
3. Schlitz- und Kreuzschlitz-Schraubendreher in unterschiedlichen Größen
4. Gabelschlüssel, Schraubenschlüssel
5. Innensechskant (Inbus)
6. Handsäge
7. Beißzange und Wasserpumpenzange
8. Brecheisen
9. Stechbeitel
10. Raspel und Feile
11. Schleifmittel
12. Spannvorrichtungen
13. Zubehör zum Malen und Tapezieren
14. Akkuschrauber, Bits und Bohrer
15. Stichsäge
16. Exzenterschleifer

Das sieht nach ziemlich viel Werkzeug aus, ist es aber nicht. Die einzelnen Teile sind relativ klein und füllen zusammen nicht einmal eine komplette Werkzeugkiste.

SPARTIPP:

Du kannst dein Werkzeug einzeln kaufen, günstiger ist es jedoch, einen Koffer mit einem Set der wichtigsten Handwerkzeuge zu besorgen. Dieser Koffer enthält normalerweise eine Auswahl Schraubenzieher, Bits, Inbusschlüssel, Schraubenschlüssel, Zangen und einen Hammer. In der umfangreicheren Variante sind zusätzlich Messwerkzeuge, Klebeband und Cuttermesser dabei.

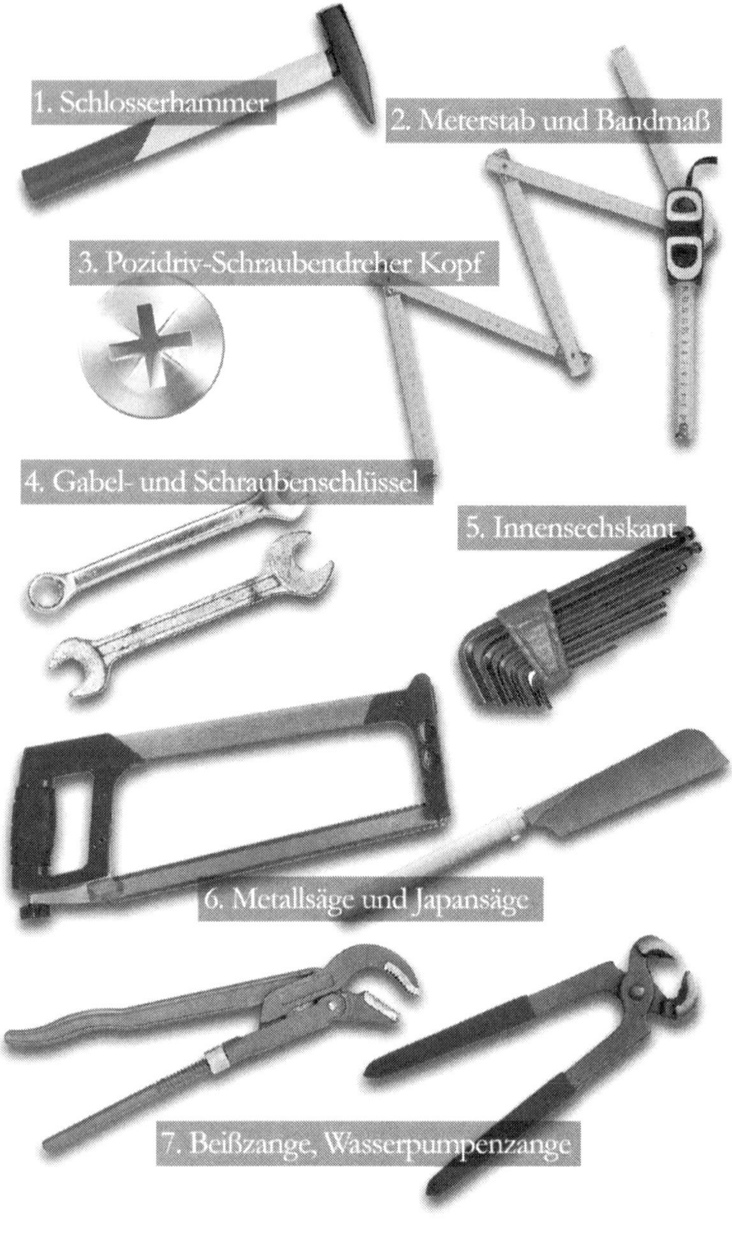
1. Schlosserhammer
2. Meterstab und Bandmaß
3. Pozidriv-Schraubendreher Kopf
4. Gabel- und Schraubenschlüssel
5. Innensechskant
6. Metallsäge und Japansäge
7. Beißzange, Wasserpumpenzange

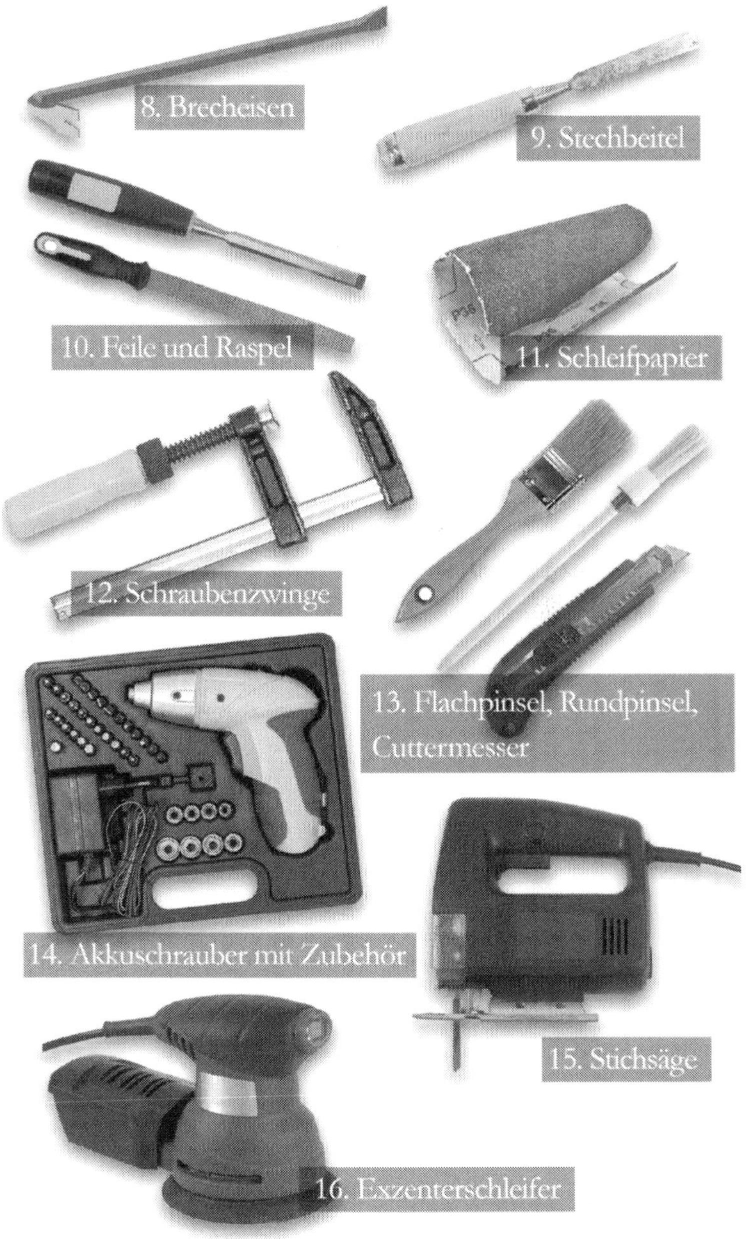
8. Brecheisen
9. Stechbeitel
10. Feile und Raspel
11. Schleifpapier
12. Schraubenzwinge
13. Flachpinsel, Rundpinsel, Cuttermesser
14. Akkuschrauber mit Zubehör
15. Stichsäge
16. Exzenterschleifer

1. Der Hammer

Der gängigste Hammer ist der sogenannte Schlosserhammer. Du kannst ihn verwenden, um Nägel einzuschlagen, aber auch um kleine Arbeiten mit dem Stechbeitel zu verrichten(wobei dafür immer ein Holzhammer sinnvoller ist).

2. Messwerkzeuge

Typische Messwerkzeuge sind Meterstab und Bandmaß. Dass du so etwas zu Hause hast, ist klar. Aber auch ein Metallwinkel und eine Wasserwaage sind sinnvolle Hilfsmittel. Denn es kommt immer wieder vor, dass du etwas ausrichten musst (den Herd, den Kühlschrank, das Bücherregal, den Schrank...).

3. Schraubendreher

Mindestens sechs Schraubendreher sind wichtig, wenn du einigermaßen gut ausgestattet sein willst. Dazu gehören zwei Schlitzschraubendreher in unterschiedlichen Größen, ein normaler und ein kleiner Pozidriv-Schraubendreher (das sind die Kreuzschlitzschraubendreher, deren Kopf ein Profil ähnlich einem Stern hat. Die meisten Schrauben lassen sich damit bewegen.) und ein normal großer Kreuzschlitzschraubendreher. Der sechste im Bunde ist ein Spannungsprüfer. Er eignet sich einerseits, um sehr kleine Schrauben zu bewegen, du kannst damit aber auch die elektrische Spannung prüfen.

4. Gabelschlüssel oder Schraubenschlüssel

Gabelschlüssel sind für Schrauben mit Sechskantkopf und Muttern gedacht. Im Haushalt benötigst du sie zum Zusammenbauen eines Bettes oder um die Spüle anzuschließen sowie für alle anderen Schrauben, die in Verbindung mit einer Mutter befestigt werden. Praktisch sind sie auch zum Reparieren von Fahrrädern. Schraubenschlüssel sind als Set in den gängigen Größen erhältlich.

5. Innensechskant (Inbus)

Der Inbus ist der beste Freund der IKEA-Kunden. Fast bei allen Möbeln ist solch ein kleiner gebogener Schlüssel enthalten. Deshalb hast du eventuell mehrere davon zu Hause, allerdings nur in einer Größe. Besser ist es, wenn du ein Set mit mehreren Größen kaufst. Dann kannst du damit auch Stühle, Tische und Betten von anderen Möbelherstellern zusammenbauen.

6. Handsäge

Handsägen gibt es viele. Die meisten haben einen schlechten Ruf, weil sie von niedriger Qualität und meist stumpf sind. Das muss aber nicht so sein. Es gibt sehr gute kleinere Handsägen, sogenannte Japansägen. Sie sind scharf und du kannst damit sehr präzise arbeiten. Sie eignen sich, um Latten schnell auf die richtige Länge zu bringen, schmale Bretter zu sägen und Holzverbindungen wie Zinken herzustellen. Benötigst du eine größere Säge, kannst du auf eine Gestellsäge zurückgreifen. Was übrigens auch nicht übel ist, ist eine Metallsäge. Sie lässt sich nicht nur für Metall, sondern auch für Kunststoff verwenden und ist praktisch, wenn du eine Schraube kürzen oder ein Rohr absägen willst.

7. Zangen

Zwei Zangen musst du auf jeden Fall im Besitz haben: Eine ist die Beißzange. Damit ziehst du Nägel aus dem Holz und kannst Draht sowie dünne Nägel abkneifen (daher wird die Zange auch Kneifzange genannt). Die zweite Zange ist die Wasserpumpenzange. Mit ihr kannst du Muttern und Muffen festziehen und lösen, auch wenn du gerade keinen passenden Gabelschlüssel zur Hand hast. Du kannst damit aber auch Werkstücke festhalten, zum Beispiel beim Löten.

8. Brecheisen

Das Brecheisen kann ziemlich rabiate Arbeit leisten. Es eignet sich aber auch, um dicke Nägel aus einem Balken zu ziehen. Dafür hat es zwei unterschiedlich geformte Enden: ein flaches, das du in einen Spalt schieben kannst, um diesen per Hebelwirkung zu erweitern und ein gebogenes mit einer Klaue, die Nagelköpfe festhalten kann.

9. Stechbeitel

Ein Stechbeitel ist praktisch, wenn du ein scharfes Werkzeug benötigst, um etwas abzustechen. Das kann sein, wenn du ein Stück Parkett austauschst und die Ecken säubern musst, aber auch, wenn du eine Fensterdichtung erneuerst und noch ein Rest im Falz klebt. Sinnvoll sind ein mittelgroßer und ein kleiner Stechbeitel. Zu den Beiteln gehört eigentlich auch eine Schleifmaschine. Alternativ kannst du dir einen Abziehstein besorgen.

10. Feile und Raspel

Eine Metallfeile, eine Holzfeile und eine Holzraspel sollten in keinem Werkzeugkasten fehlen. Diese Werkzeuge ermöglichen es dir, schnell ein Stück Holz, Metall oder Kunststoff in Form zu bringen. Gerade wenn du ein Metallrohr abgesägt hast, ist eine Metallfeile wichtig, denn du kannst das Rohr damit entgraten, also den scharfen Rand entfernen, der beim Sägen entsteht.

11. Schleifmittel

Schleifmittel braucht man sehr häufig. Wenn du deinen Esstisch ölen möchtest, schleifst du ihn vorher mit feinem Schleifpapier an, wenn du eine Holzoberfläche mit Farbe streichst, ebenso. Mit Schleifpapier kannst du einen Dübel etwas dünner machen oder ein Loch vergrößern. Schleifpapier wird in unterschiedlichen Körnungen hergestellt. Die Körnung bezieht sich darauf, wie viele Siebmaschen, durch die eine bestimmte Größe Steinchen passt, auf einen Quadratzoll kommen. Es gibt grobes und feines Schleifpapier. Je feiner das Schleifpapier, desto höher ist die Körnung. Gängige Körnungen sind 40 für das grobe Abschleifen, 80, 100, 120, 150, 180 und 240 für eine sehr feine Oberfläche. Für Metall sind diese Körnungen zu grob, dafür gibt es Körnungen von 2000, 4000, 8000, usw.

Wichtig ist, wenn du ein Werkstück mit 40er-Papier abschleifst, dass du nicht im nächsten Schleifgang mit zu feinem Papier weiterarbeitest. Durch das Schleifen entstehen Riefen, die mit der jeweils höheren Körnung entfernt werden. Gute Abstufungen sind 40-80-120-150-240. Damit schaffst du eine wirklich saubere Oberfläche.

Schleifpapier gibt es als einzelne Blätter zu kaufen, aber auch in Form einer Rolle, rund für den Exzenterschleifer oder als Band für die Bandschleifmaschine.

12. Spannvorrichtungen

Spannen musst du im Laufe deiner Heimwerkertätigkeit immer wieder etwas. Um ein Brett zu bohren oder abzusägen, spannst du es auf der Werkbank fest. Dafür eignen sich Schraubzwingen oder Schnellspannzwingen. Letztere sind gut geeignet, wenn du mit Maschinen arbeitest, weil sie die Vibrationen besser vertragen. Ein Schraubstock zum Halten von kleineren Metallteilen ist auch nicht übel. Und wenn du noch Platz in deinem Werkzeugkasten hast, kannst du ein paar Kunststoffklammern besorgen. Sie haben viel Kraft und eignen sich, ein Stück ausgerissene Holz an einem Brett zu befestigen.

13. Maler- und Tapezierwerkzeug

Auch wenn du kein großer Maler und Tapezierer bist, lohnt es sich doch, die grundlegenden Werkzeuge dafür im Haus zu haben: Rundpinsel zum Lackieren, Flachpinsel, um Ecken auszumalen, Farbrolle für größere Flächen, Cuttermesser, um Tapete zu schneiden (benötigst du aber auch für Teppich, Gummirohre, Rigipsplatten).

14. Akkuschrauber

Kann man sich den Akkuschrauber nicht sparen, wenn man schon sechs Schraubenzieher besitzt? Ja, notfalls schon. Aber der Akkuschrauber kann viel mehr, als nur Schrauben heraus- und hineindrehen. Du kannst mit ihm Löcher bohren, auch wenn gerade keine Steckdose in der Nähe ist (oder du keine Bohrmaschine hast) und eine Senkung für Schraubenköpfe herstellen. Die Senkung ist eine Vertiefung, in der der Schraubenkopf verschwindet, sodass er nicht oberhalb der Oberfläche übersteht. Außerdem geht die Arbeit mit dem Akkuschrauber um einiges schneller. Dabei kommt es natürlich darauf an, was du vorhast. Eine einzelne Schraube ist bisweilen schneller gedreht, wenn du nur in die Küchenschublade greifen und den Schraubenzieher herausholen musst, anstatt in den Keller zu laufen, um den Akkuschrauber zu holen (dessen Akku vielleicht leer ist?).

Für den Akkuschrauber bietet sich folgendes Zubehör an: Bits (also Aufsätze zum Drehen von Schrauben, ähnlich dem Schraubendreherkopf) für die gängigen Schrauben (Schlitz, wobei diese sich sauberer von Hand eindrehen lassen, Kreuzschlitz und Pozidriv, Torx) und Bithalter, ein Set mit allen gängigen Bohrern (3-12 mm) für Metall, Holz und eventuell Beton, ein Senker.

15. Stichsäge

Auch bei der Stichsäge stellt sich die Frage, ob die Handsäge nicht ausreicht. Im Prinzip schon, vor allem, wenn du nur ein paar Latten sägen musst. Mit der Stichsäge kannst du aber alles sägen, und zwar mit minimalem Kraftaufwand. Holz lässt sich ebenso sägen wie Metall und Kunststoff, gerade Schnitte, aber auch Rundungen sind keine Unmöglichkeit. Schwierig sind gerade Schnitte quer zur Faser. Ein Regalbrett solltest du beispielsweise besser mit der Handkreissäge absägen.

Neuere Stichsägen sind mit sogenanntem Pendelhub ausgestattet. Ist er eingestellt, pendelt das Sägeblatt, während es sich hebt und senkt, leicht hin und her. Dadurch kannst du schneller sägen, der Sägeschnitt wird aber nicht ganz sauber. Schaltest du den Pendelhub aus, musst du langsamer sägen, das Ergebnis ist jedoch exakter.

Ein kleiner Tipp zum Umgang mit der Stichsäge: Die Zähne des Sägeblatts sind nach oben gerichtet, beim Sägen reißt das Holz also nach oben aus. Säge deshalb immer von der Rückseite aus. Ist das nicht möglich, hilft es, einen Streifen Klebeband auf das Holz zu kleben. Es verhindert die gröbsten Ausrisse.

16. Exzenterschleifer

Der Exzenterschleifer kommt vielleicht etwas weniger häufig zum Einsatz. Es ist trotzdem nicht schlecht, wenn du ihn hast. Im Prinzip kannst du alle Arbeiten auch mit Schleifklotz und Schleifpapier ausführen, mit der Maschine geht es aber effizienter. Egal, ob du eine hartnäckige Farbschicht entfernen oder eine Fläche nur leicht anschleifen willst (also nicht das Öl abschleifen, sondern nur leicht darüber schleifen), um sie anschließend neu zu streichen. Der Exzenterschleifer ist universell einsetzbar. Wer Übung hat, kann sogar schmale Kanten schleifen.

1.2. Erweitertes Werkzeug

Bisher war von der Werkzeug-Grundausrüstung die Rede. Wie du bemerkt hast, sind darunter viele manuelle Werkzeuge, weniger elektrische. Weiter geht es nun mit dem erweiterten Werkzeug-Equipment, für Liebhaber und versierteren Heimwerker:

1. Elektrische Bohrmaschine
2. Oberfräse
3. Handkreissäge
4. Handbandschleifmaschine
5. Handhobelmaschine
6. Multifunktionswerkzeug

1. Elektrische Bohrmaschine

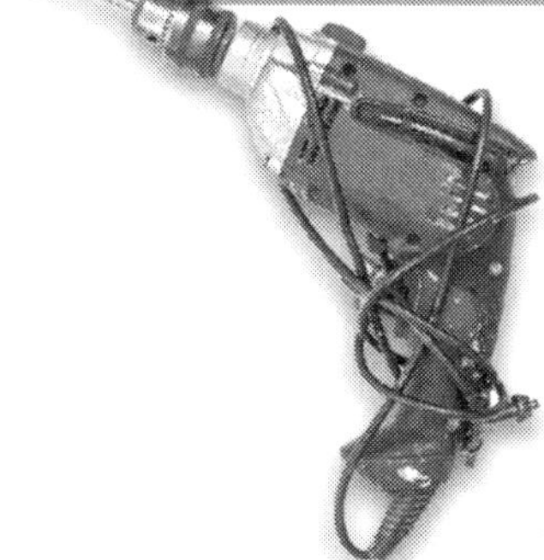

2. Oberfräse

3. Handkreissäge

4. Handbandschleifmaschine

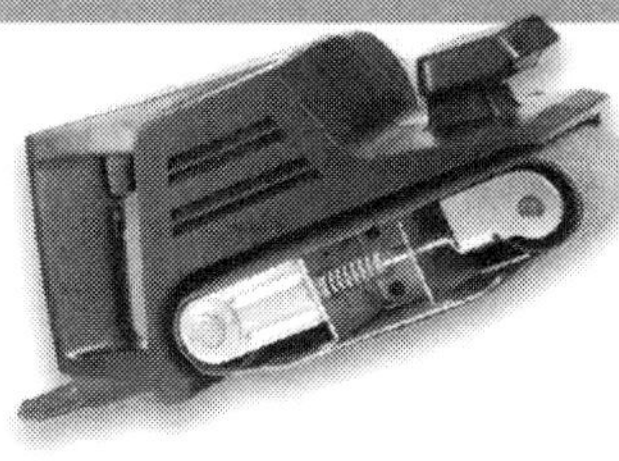

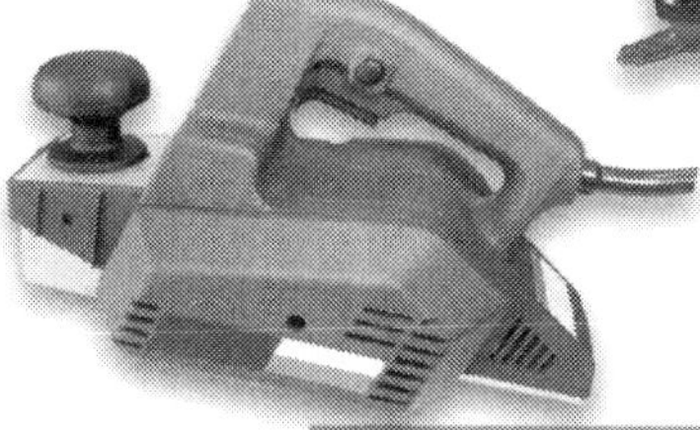

5. Handhobelmaschine

1. Elektrische Bohrmaschine

Die elektrische Bohrmaschine ist die leistungsstärkere Schwester des Akkuschraubers. Sie kann Löcher bohren und Schrauben hinein- und herausdrehen. Ist sie entsprechend ausgestattet, dient sie auch als Schlagbohrmaschine.

Bohrmaschinen sind mit einem Futter versehen, dass den Bohrer hält. Es gibt die klassischen Futter, die mit einem Zahnkranzschlüssel bedient werden, aber auch Schnellspannfutter, bei denen du die Backen nur mit etwas Kraft von Hand lösen kannst. Letzteres ist auf jeden Fall praktischer. Das Bohrfutter lässt sich bei Bedarf austauschen.

2. Die Oberfräse

Die Oberfräse dient dazu, Kanten ihre Schärfe zu nehmen. Dazu gibt es unterschiedliche Fräser: Für Fasen, für unterschiedlich große Rundungen sowie für kunstvolle Profile. Du kannst mit der Oberfräse aber auch Vertiefungen oder Löcher in eine Holzplatte fräsen.

3. Die Handkreissäge

Die Handkreissäge benötigst du, wenn du öfter gerade Schnitte längs oder quer zur Holzfaser ausführen musst. Im Gegensatz zur Stichsäge reißt sie das Holz nicht aus. Außerdem ist es bei längeren Sägeschnitten einfacher, gerade zu sägen (z. B. zum Kürzen einer Tür; hier verwendest du eine Alulatte als Führung).

4. Handbandschleifmaschine

Die Handbandschleifmaschine ist, wie der Name sagt, eine Bandschleifmaschine, das Schleifpapier läuft über eine Walze. Mit ihr kannst du sehr viel Material auf einmal abnehmen. Die Handbandschleifmaschine erfordert ein wenig Übung. Drückst du zu stark auf, kann das Holz verbrennen oder bekommt eine Vertiefung, die du nur schwer wieder ausschleifen kannst. Für sehr unebene Werkstücke (wenn du ein Stück Parkett ersetzt und das neue Teil übersteht) ist die Handbandschleifmaschine gut geeignet.

5. Handhobelmaschine

Die Handhobelmaschine ist eine spezielle Maschine. Du wirst sie wirklich selten brauchen. Im Prinzip nur, wenn du ein Brett etwas schmaler hobeln oder mit einer größeren Fase versehen möchtest. Für Hobelarbeiten auf Dicke ist diese Maschine zwar auch geeignet. Es erfordert aber viel Übung, wenn du eine wirklich gerade und überall gleichmäßig dicke Fläche erreichen willst.

6. Das Multifunktionswerkzeug

Das Multifunktionswerkzeug wird auch Multifunktionstool oder Multitool genannt. Es ist ein elektrisches oder akkubetriebenes Gerät, das ein wenig aussieht wie ein Winkelschleifer und mit unterschiedlichen Aufsätzen versehen ist, die alle etwas anderes können. Im Set sind beispielsweise kleine Sägeblätter vorhanden, aber auch Spachtel und Schleifer. Das Multitool treibt diese Aufsätze durch kleine seitliche Bewegungen an. Dadurch braucht es nicht viel Platz. Mit dem richtigen Aufsatz kannst du zum Beispiel ein Stück Sockelleiste von der Wand entfernen, ohne die ganze Leiste abnehmen zu müssen. Du nimmst das gerade Sägeblatt, montierst es auf dem Multitool und schneidest die Sockelleiste gerade ab. Dann setzt du einfach ein neues Teil ein. Du kannst neben Holz auch Kunststoff und Metall schneiden. Das Multifunktionswerkzeug eignet sich aber auch, um Fliesenkleber abzukratzen. Das geht viel leichter als mit einer Spachtel von Hand.

TIPP: Werkzeug mieten

Obige Listen enthalten das Werkzeug, das unbedingt nötig ist oder angeschafft werden kann. Vielleicht wunderst du dich als Leser oder Leserin, warum beispielsweise die Schlagbohrmaschine oder der Bohrhammer nicht explizit genannt wurden. Tatsache ist, nicht jeder Heimwerker benötigt dieselben Werkzeuge. Meistens hat man einfach seine Vorlieben. Und bei Bedarf kann man immer im Baumarkt eine entsprechende Maschine mieten. Das ist natürlich sinnvoll, wenn es um große, teure Geräte geht, beispielsweise eine Walzenschleifmaschine für Fußböden. Aber eben auch Bohrhammer, Blechlochstanze für die Montage eines Wasserhahns auf der Spüle, Betonmischer und Fliesenschneider liegen im Baumarkt bereit und warten darauf, dass du sie für ein paar Stunden oder Tage mietest.

1.3. Zur Werkzeugqualität

Wer Werkzeug kauft, gibt unter Umständen ziemlich viel Geld aus. Wäre der Handwerker da doch nicht... Nein! Aus diesem Grund wird in diesem Buch ja zwischen notwendigem und optionalem Werkzeug unterschieden. Bei den Geräten, die du dir anschaffst, solltest du allerdings nicht zu knausrig sein. Im Prinzip ist eine mittlere Werkzeugqualität ausreichend. Es müssen nicht die teuersten Geräte sein. Aber eben auch nicht die billigsten. Diese haben nämlich definitiv Nachteile, wenn auch unterschiedlicher Art.

Billige Feilen und Raspeln zum Beispiel können durchaus lange halten. Vor allem, wenn sie selten gebraucht werden. Ihr Heft (der Griff) ist aber nicht besonders ergonomisch geformt und liegt schlecht in der Hand. Arbeitest du etwas länger damit, bekommst du höchstwahrscheinlich Blasen an den Händen. Was bei günstigem Werkzeug auch häufig leidet, ist der Akku. Du kannst zwar einen Akkuschrauber für 20 Euro kaufen, musst aber damit rechnen, dass der Akku innerhalb kurzer Zeit nicht mehr viel Kraft hat.

Fazit: Es gibt nicht umsonst bekannte Marken. Sie bieten alle Werkzeuge unterschiedlicher Preiskategorien an, das aber nicht zur billigsten Kategorie gehört. Nimm dir ein wenig Zeit und teste, ob die Maschine gut in der Hand liegt, ob die Balance stimmt, wie schwer sie ist, bevor du dich für eine Marke und ein Gerät entscheidest. In den meisten Fällen wirst du mit Werkzeug der mittleren Preisklasse gut zurechtkommen.

1.4. Baumaterialien

Musst du Baumaterialien zu Hause haben? Gute Frage. Es kommt darauf an, was man darunter versteht. Was in jedem Haushalt vorhanden sein sollte, sind Schrauben, Dübel und Nägel, damit du jederzeit in der Lage bist, ein Bild aufzuhängen oder etwas festzuschrauben.

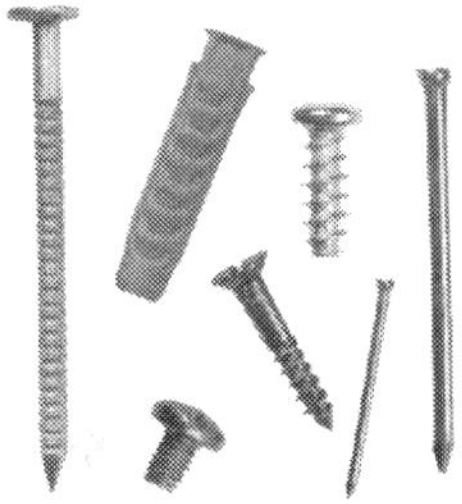

Schrauben, Nägel und Dübel

Von jeder Sorte sollten mehrere Größen vorhanden sein. Willst du nur ein leichtes Bild aufhängen oder eine dünne Sockelleiste befestigen, reichen kleine Nägel (1,4x35 mm). Größere Nägel benötigst du für schwerere Gewichte oder um Holz zu verbinden. Aber aufgepasst: Eine Schraubverbindung ist in Holz immer besser als eine genagelte Verbindung.

Was die Schrauben betrifft gilt folgende Regel: Wenn du zwei Teile miteinander verschraubst, sollte die Schraube durch das dünnere Teil hindurchgehen und mindestens 20 mm in das zweite Teil hineinragen (natürlich nur, wenn die Dimensionen es zulassen). Die gängigsten Schrauben haben 3,5 mm und 4 mm Durchmesser. Kleinere Schrauben (3 mm) benötigst du für zierliche Verbindungen, größere Schraube (4,5 mm oder 5 mm) für sehr starke.

Willst du etwas dübeln, bist du mit Dübeln von 6 mm Durchmesser am besten ausgerüstet. Für sie verwendest du Schrauben von 4 bis 5 mm Dicke.

Was immer nützlich ist, ist ein kleiner Vorrat an Brettern, Latten und Holzleim. In den Baumärkten findest du Leimholzbretter, Latten und kleine Balken in unterschiedlichen Holzarten. Die günstigsten sind aus Fichtenholz, es gibt aber auch Bretter aus Buche, gelegentlich sogar Eiche. Außerdem gibt es verschiedene Größen, die sich gut als Regalbretter, Ablagen im Keller und generell als Konstruktionsholz eignen, beispielsweise für einen Rahmen, um Spüle oder Standherd höherzusetzen. Den Holzleim verwendest du für alle Gegenstände aus Holz, die du kleben möchtest. Verschraubte Holzverbindungen sind stabiler, wenn du sie zusätzlich leimst. Auch, wenn du einen Stuhl reparieren möchtest, kannst du den Leim gut gebrauchen.

Hast du einen Eimer Farbe und Holzöl im Keller stehen, ist das auch nicht verkehrt. Gips, Zement oder Fliesenkleber in Pulverform solltest du dagegen nur dann kaufen, wenn du sie brauchst. Denn diese Materialien neigen dazu, Feuchtigkeit anzuziehen. Lagern sie zu lange in einer feuchten Umgebung, binden sie ab und werden unbrauchbar.

1.5. Techniken und Sicherheit

In diesem Kapitel geht es vornehmlich um die Sicherheit beim Arbeiten, aber auch darum, wie du die beste Leistung aus deinem Werkzeug herausholst und wie du es schonst.

Die richtige Handhabung des Werkzeugs

Eines gilt für alle Werkzeuge: Wende niemals Gewalt an! Gutes Werkzeug arbeitet fast von selbst, vielleicht durch ein paar Hammerschlägen oder etwas Druck unterstützt. Genauer heißt das: Sägst du mit einer Stichsäge, kann es sein, dass der Schnitt krumm wird, wenn du zu schnell sägst. Hab lieber etwas Geduld - der

Sägeschnitt wird dann umso schöner. Auch beim Bohren ist auf die Geschwindigkeit zu achten. Bohrst du zu schnell, wird der Bohrer heiß. Im schlimmsten Fall verglüht er dadurch. Begünstigt wird das, wenn du harzhaltige Holzarten oder Metall bohrst. Bei letzterem Werkstoff ist es immer sinnvoll, den Bohrer mit einer speziellen Flüssigkeit während des Bohrvorgangs zu kühlen.

Ein weiterer Hinweis betrifft die Arbeit mit Akkugeräten. Es ist nicht unbedingt lebenswichtig, aber nach jeder abgeschlossenen Arbeit solltest du den Akku aufladen. So ist die Maschine beim nächsten Mal sofort einsatzbereit.

Schon eher lebenswichtig ist eine Regel, die du dir unbedingt merken musst: Elektrowerkzeug ausschalten, bevor du den Stecker ziehst! Es ist sehr unangenehm, kann sogar zu schlimmen Verletzungen führen, wenn du die Stichsäge im Arm hältst, den Stecker einsteckst, und plötzlich rattert sie los. Normalerweise sollte der Schalter das verhindern. Es kann aber sein, dass er einmal klemmt. Ältere Maschinen sind zudem meist nicht mit einem solchen Sicherheitsschalter ausgestattet. Dasselbe gilt natürlich auch für rotierende Elektrowerkzeuge. Stell dir vor, deine Bandschleifmaschine saust davon, während du nichtsahnend den Stecker einsteckst, und verdirbt dir die ganze Holzoberfläche, weil sie noch eingeschaltet war. Was lustig klingt, ist in diesem Fall sehr ärgerlich.

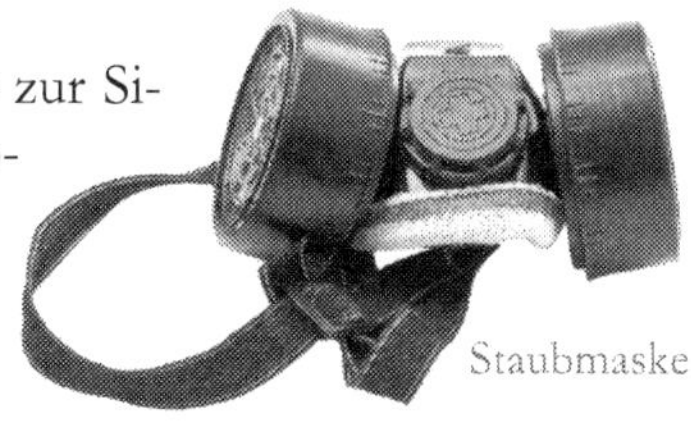
Staubmaske

Und noch einige letzte Ratschläge zur Sicherheit generell: Trage eine Staubmaske, wenn du viel Staub produzierst. Im besten Fall sind deine Elektrowerkzeuge natürlich mit einem Staubbeutel ausgestattet oder mit dem Staubsauger verbunden. Ist das nicht der Fall, solltest du deine Nase schützen, denn zu viel feiner Staub kann Allergien hervorrufen. Beim Arbeiten mit lauten Maschinen solltest du immer einen Gehörschutz tragen. Dadurch sägt und hobelt es sich nicht nur angenehmer, die Ohren kommen mit diesem Lärm zudem schlecht zu Recht - vor allem über einen längeren Zeitraum hinweg. Was in Profiwerkstätten tabu ist, sind Fingerringe und Handschuhe bei der Arbeit mit Maschinen zu tragen. Zwar ist es nicht dumm, die Hände vor Splittern zu schützen, verfängt sich der Handschuh aber im Sägeblatt, zieht er deine ganze Hand mit hinein. Auch mit langen Haaren solltest du bei rotierenden Maschinen gut aufpassen. Am besten, du machst einen Zopf und trägst eine Kappe.

Die Werkstatt einrichten

Wie sieht eigentlich die perfekte Werkstatt aus? Auf jeden Fall ist sie sauber und aufgeräumt. Den Metallwinkel unter der Stichsäge hervorzukramen macht nicht nur keinen Spaß, er kann sich durch das Gewicht auch verbiegen. Überlege dir deshalb ein System, wie du das Werkzeug aufbewahrst.

Hast du Platz, hänge Metallwinkel, Beitel, Hammer und Schraubenzieher an die Wand. Dort hast du sie immer griffbereit. Ansonsten verstaust du alles möglichst sortiert in einer Werkzeugkiste.

Generell sollte das Werkzeug an einem trockenen Ort verstaut werden. Der Keller ist in Ordnung, feucht darf er allerdings nicht sein, sonst rosten die Metallteile.

Aufbewahren oder wegwerfen?

Zum Schluss keine eigentliche Technik, sondern eher ein Rat zur Verhaltensweise im Umgang mit den Materialresten. Es ist ja nicht besonders in Mode, Dinge, die man nicht braucht, aufzuheben. Schnell gilt man als Messie oder zumindest als jemand, der sich schlecht von allem trennen kann. Die Frage ist allerdings, was von den Rückständen noch brauchbar ist. Wer einen alten Teppich herausreißt, kann ihn weiterverwenden, zum Beispiel als weiche Unterlage zum Schleifen von Holzteilen. Aber ihn nur in der Garage herumliegen zu lassen, bis ihn die Mäuse fressen, hat wirklich keinen Sinn.

Anders ist das mit Resten von neu verlegten Böden, Verkleidungen und Tapeten. Es ist sehr sinnvoll, einen Rest aufzubewahren. Und zwar für den Fall, dass ein Teil ersetzt werden muss. Stell dir vor, du hast letztes Jahr Teppichboden verlegt und nun hat dir jemand mit der Zigarette ein Loch hineingebrannt. Es ist gar nicht tragisch, das Stück auszutauschen (die Anleitung findest du natürlich in diesem Buch), schlimm ist nur, wenn du kein passendes Teppichstück zur Hand hast.

2

Wände, Decken und Böden

2. Wände, Decken und Böden

Wände, Decken und Böden sind ein repräsentativer Teil der Wohnung oder des Hauses. Sie bilden den Hintergrund für die Einrichtung, sind immer da, nicht so einfach auszuwechseln wie ein Schrank und werden, zumindest der Boden, regelmäßig beansprucht. Klar also, dass sie Pflege und gelegentlich eine Erneuerung nötig haben. Generell gilt dabei: Wenn etwas noch brauchbar ist und nicht allzu schmuddelig aussieht, kann es repariert werden.

2.1. Tapete ausbessern

Löcher oder Risse in der Tapete sind ärgerlich, passieren aber, beispielsweise beim Umzug, wenn du mit einem kantigen Möbelstück an die Wand stößt. Hat dagegen die Katze kräftig an der Wand gekratzt, ist es nötig, ein größeres Stück auszuwechseln.

DU BENÖTIGST

Einen Reparaturkleber, alternativ ein Cuttermesser, einen Spachtel, ein entsprechen-des Stück neue Tapete und Tapetenkleister.

ZEITAUFWAND

Zehn Minuten pro Riss, für das Ausbessern eines größeren Stücks etwa eine Stunde.

KRAFTAUFWAND

Niedrig

VORKENNTNISSE

Keine

2.2. Löcher und Risse ausbessern

Am einfachsten ist es, wenn die Tapete noch nicht ganz abgerissen ist, bzw. das abgerissene Stück noch vorhanden ist. Dann klebst du es einfach mit Reparaturkleber fest und streichst die Stelle glatt.

Ein größeres Stück auswechseln

Um ein größeres Stück Tapete auszuwechseln, musst du präzise arbeiten. Du schneidest mit einem Cuttermesser die Tapete ein und entfernst das beschädigte Stück. Alternativ entfernst du die ganze Bahn. Anschließend schneidest du ein passendes Stück neuer Tapete zu. Wichtig ist, dass es exakt passt. Es sollte nicht überlappen, aber auch nicht zu klein sein.

Bei dieser Reparaturarbeit kann es sein, dass das neue Stück eine andere Farbe hat als der Rest der Wand, vor allem, wenn die Tapete schon älter ist oder du in der Wohnung rauchst. Dagegen kann man nichts tun, außer die Wand neu zu streichen.

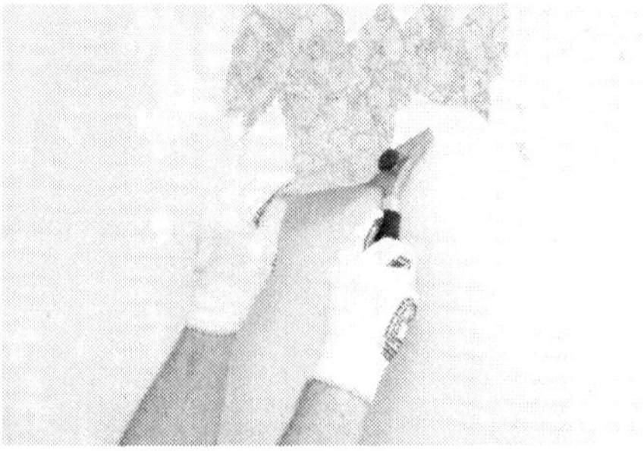

LIFEHACK: Die Geduldige

Papier sei geduldig, heißt es. Die Raufasertapete ist es auf alle Fälle (vielleicht, weil sie aus Papier besteht?). Sie verzeiht sogar kleinere Tapezierfehler. Willst du sie ausbessern, kannst du im Baumarkt spezielle Reparaturmasse kaufen, die dieselbe Struktur hat und gar nicht auffällt. Damit sparst du dir, die Tapete zu entfernen und ein neues Stück aufzukleben.

2.3. Putzarbeiten an der Wand

Hat die Wand ein Loch oder ist der Bereich um die Steckdose schlecht verputzt? Das kannst du problemlos selber ausbessern. Etwas mehr Aufwand bedeutet es, wenn der Putz teilweise von der Wand abfällt. Aber auch solche Ausbesserungsarbeiten sind durchaus zu schaffen.

DU BENÖTIGST

Eine Spachtelmasse oder Füller aus der Tube, einen Spachtel, für größere Ausbesserungsarbeiten außerdem Fertigputz, Grundierung, Abdeckfolie, einen Eimer, eine Bohrmaschine mit Quirl, eine Kelle, ein Abziehbrett.

ZEITAUFWAND

Fünf Minuten pro Loch, zwei bis drei Stunden je nach Größe der Fläche.

KRAFTAUFWAND

Niedrig

VORKENNTNISSE

Keine

Löcher, Risse und Fugen füllen

Um Dübellöcher, Risse oder Fugen rund um Lichtschalter, Sicherungskasten oder Steckdose zu füllen, benötigst du nur eine kleine Menge Spachtelmasse. Du streichst sie einfach mit dem Spachtel in das Loch oder den Spalt und ziehst sie schön glatt. Anschließend lässt du sie aushärten, dann kannst du sie überstreichen.

Größere Flächen ausbessern

Der erste Schritt besteht darin, die Wand vorzubereiten. Das heißt, du klopfst den losen Putz ab, denn der neue Putz hält nur auf festem Untergrund. Außerdem verbindet er sich besser mit dem alten Putz, wenn die Kanten einigermaßen glatt sind. Du zeichnest eine gerade Linie und schlägst den Putz daran entlang ab, am besten mit einem Gipserbeil. Dann mischt du den Putz an (lieber eine zu kleine Menge, als dass du hinterher Material entsorgen musst).

Nun trägst du die Grundierung auf. Anschließend kannst du die Fläche verputzen. Ist der Putz mehr als 15 mm dick, solltest du in zwei Lagen (Unterputz und Oberputz) arbeiten. Mit einer geraden Latte ziehst du die Wand anschließend ab. So gewährleistest du, dass die neu verputzte Fläche eben ist und genau dieselbe Höhe wie der alte Putz hat.

LIFEHACK: Hack? Klopf!

Kein Gipserbeil da? (Gehört ja nicht zum Standardwerkzeug!). Dann nimm eine stabile Spachtel und einen Hammer, um die Putzkante zu begradigen. Aber Vorsicht: Nicht zu stark zuschlagen, sonst verbiegt sich der Spachtel.

2.4. Richtig dübeln

Einen Dübel zu setzen, egal ob in der Wand oder an der Decke, ist nicht so schwer, oder? Im Prinzip musst du nur den Schalter der Bohrmaschine drücken, losbohren und den Dübel in das Loch stecken. Aber ein wenig Vorbereitung benötigt die Sache.

DU BENÖTIGST

Eine Schlagbohrmaschine, einen Steinbohrer, Dübel und Schrauben, eventuell einen Hammer.

ZEITAUFWAND

Zwei Minuten pro Loch

KRAFTAUFWAND

Niedrig

VORKENNTNISSE

Keine

Zum einen ist wichtig, dass du eine Schlagbohrmaschine verwendest, denn nur diese kann ein sauberes Loch in eine Beton- oder Steinwand bohren. Das Loch sollte dann nicht zu kurz ausfallen, sondern 10 mm länger als der Dübel sein. Am besten markierst du die Tiefe am Bohrer mit einem wasserfesten Stift. Alternativ kannst du Klebeband um den Bohrer wickeln. Pass dabei aber auf, dass kein Fähnchen übersteht, sonst verteilst du den Bohrstaub um das Loch herum an der Wand.

Nun kannst du loslegen. Achte darauf, dass du gerade bohrst (das kannst du kontrollieren, indem du von oben und von der Seite auf die Bohrmaschine schaust. Sie sollte im rechten Winkel zur Wand stehen). Sauge den Bohrstaub gleich während des Bohrens ab. Besonders bei geölten Holzböden ist es nachteilig, wenn der Bohrstaub auf dem Boden landet. Denn er lässt sich nicht einfach wegfegen oder abwaschen, sondern nistet sich richtig in der Holzoberfläche ein.

Reinige das Bohrloch anschließend mit einem Staubsauger und stecke den Dübel in das Loch, verwende eventuell einen kleinen Hammer. Erst dann drehst du die Schraube hinein (drehst du sie vorher schon ein Stück weit in den Dübel, spreizt sich dieser und passt nicht mehr ins Loch).

LIFEHACK: Immer sauber

Beide Hände beim Bohren besetzt? Wenn du den Staubsauger nicht auch noch halten kannst, klebst du einfach einen kleinen Karton (Teeschachtel) mit Kreppband unter das Loch. Dort fühlt sich der Staub auch gut aufgehoben.

2.5. In einer porösen Wand dübeln

Wenn du in eine Sandsteinwand bohrst, passiert etwas Merkwürdiges: Sandiges Material rieselt aus dem Loch. Steckst du einen Dübel hinein, bemerkst du, dass er nicht stramm sitzt. Du ziehst ihn heraus, es kommt noch mehr Sand. Das Loch wird immer größer! Es gibt zum Glück einige Tricks, wie der Dübel trotzdem hält: Das Loch füllen, es etwas kleiner vorbohren oder Spezialdübel verwenden.

DU BENÖTIGST

Gips oder Heißkleber, einen Bohrer oder sogenannte chemische Dübel.

ZEITAUFWAND

Zehn Minuten pro Loch

KRAFTAUFWAND

Niedrig

VORKENNTNISSE

Keine

Das Loch füllen

Hast du schon einen Versuch hinter dir, eine Schraube mit Dübel dauerhaft zu befestigen, ist das Loch etwas größer als zu Beginn. Es ist nicht sinnvoll, noch tiefer zu bohren und einen dickeren, längeren Dübel zu verwenden. Das Ergebnis wäre höchstwahrscheinlich dasselbe. Stattdessen säuberst du das Loch von losem Sand, nimmst etwas Gips zur Hand, füllst das Loch auf und steckst den Dübel sofort hinein. Der Gips verbindet sich mit dem Mauerwerk und hält den Dübel, wenn er getrocknet ist richtig fest. Dasselbe funktioniert mit Heißkleber.

Loch kleiner vorbohren

Gerade eine Schlagbohrmaschine hat den oben beschriebenen Effekt, denn der Bohrer dreht sich nicht nur, sondern vibriert auch in Längsrichtung. Diese Erschütterungen lösen mehr Material in der Wand als notwendig ist.

Der Trick ist daher, das Loch etwas kleiner vorzubohren. Für einen 8-mm-Dübel bohrst du mit einem 6er-Bohrer. Anschließend nimmst du den 8er-Bohrer und bohrst nach, allerdings ohne Schlag. Der Dübel wird auf diese Weise besser halten.

Chemische Dübel

Eine neuere Lösung, einen Dübel sicher in porösem Stein zu befestigen, sind die sogenannten chemischen Dübel, auch als Verbundankerpatrone oder Klebedübel bekannt. Das Verfahren beruht darauf, eine Patrone mit unterschiedlichen Substanzen in das gebohrte Loch zu stecken. Anschließend drehst du eine Gewindestange hinein. Diese zerstört die Patronenhülse, die Substanzen darin gehen eine chemische Verbindung ein und es entsteht eine Art Kleber, der die Gewindestange sicher hält.

Um beispielsweise ein Wandregal zu befestigen, schiebst du die Haltelaschen auf die Gewindestange und setzt eine Mutter darauf.

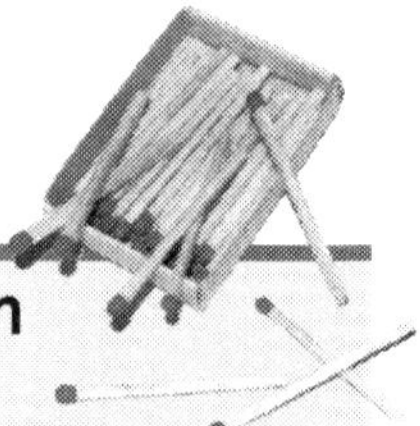

LIFEHACK: Klein und fein

Kein Gips und kein Heißkleber im Haus? Dafür vielleicht Streichhölzer. Die steckst du neben die Dübel ins zu große Loch. Das hält auch. Bevor du aber ein großes Gewicht an die Schraube hängst, prüfst du die Festigkeit. Bewegt sich das Regal, musst du doch in den Baumarkt.

2.6. Holzdecke streichen

Eine Holzdecke gefällt nicht jedem. Früher war es Mode, dunkle Holzdecken einzubauen. Dadurch wirkt der Raum aber niedriger und wird dunkel.

Wer ein Haus mit solchen Decken kauft, steht vor der Frage, was damit zu tun ist. Eine gute Idee ist, das Holz heller zu streichen.

DU BENÖTIGST

Zwei Klappleitern und eine Bohle als Gerüst, einen Exzenterschleifer oder einen Schleif-klotz mit feinem Schleifpapier, Abdeckplane, Klebeband, Farbrolle und Pinsel und die passende Farbe, sowie eventuell Grundierung.

ZEITAUFWAND

Ein Tag pro Raum

KRAFTAUFWAND

Mittel: Über Kopf zu schleifen und zu streichen ermüdet die Arme, vor allem, wenn die Schleifmaschine schwer ist

VORKENNTNISSE

Keine

Bevor du dich an die Arbeit machst, kaufst du die passende Farbe. Achte darauf, dass die neue Farbe zur alten Beschichtung passt. Eine lackierte Decke sollte beispielsweise wieder lackiert werden. Für eine geölte Decke benötigst du eine Farbe, die auf Öl haftet usw.

Nun musst du das Zimmer und die Decke vorbereiten. Stelle die leichteren Möbel nach draußen. Die schweren Möbel können bleiben. Du musst sie aber abdecken. Damit die Farbe an der Decke haftet, muss das Holz leicht angeraut werden. Das kannst du mit dem Exzenterschleifer machen, aber auch von Hand. Auch die Nuten (Vertiefungen) zwischen den Brettern schleifst du von Hand an. Achte darauf, immer in Richtung der Bretter zu schleifen. Entdeckst du beim Schleifen lose Farbplättchen, entfernst du sie.

Jetzt kannst du die Decke streichen. Rolle oder streiche ebenso in Brettrichtung. Hast du eine Farbe gekauft, die eine Grundierung braucht, streichst du zuerst diese und wartest, bis sie getrocknet ist (Hinweise dazu findest du auf der Verpackung). Die meisten

Farben müssen ein zweites Mal gestrichen werden, damit sie zuverlässig decken. Es hängt allerdings davon ab, wie dunkel der ursprüngliche Untergrund ist.

HINWEIS: Willst du die Decke im Bad streichen, benötigst du spezielle Feuchtraumfarbe. Sie beugt Schimmel vor. Regelmäßig lüften musst du aber trotzdem.

LIFEHACK: Es werde Licht!

Du hast keine Lust, das Zimmer zu räumen und zu streichen? Dann machst du es eben heller, indem du Licht in die Bude bringst. Zur Decke gerichtete Steh- und Wandlampen wirken Wunder.

2.7. Holzboden ausbessern

Der Fußboden leidet, weil er stark beansprucht wird. Beispielsweise kommen Steinchen mit den Schuhen herein, oder du lässt einen kantigen Gegenstand fallen und hast plötzlich ein Loch im Holz. Häufig nutzt sich der Boden aber einfach ab. Die Lösung: Den Boden ausbessern und eventuell Teile davon ersetzen.

DU BENÖTIGST

Zum Ausbessern benötigst du Holzwachs, ein nasses Tuch und ein Bügeleisen oder eine Handkreissäge, Brecheisen, Spachtel und Ersatzholz. Bei Parkett ist es am besten, wenn vom Verlegen noch ein Rest übriggeblieben ist. Ansonsten besorgst du dir passendes Holz im Baumarkt oder bei einem Parketthersteller.

ZEITAUFWAND

Zehn Minuten pro Kratzer und Delle, ein bis zwei Stunden für das Erneuern.

KRAFTAUFWAND

Niedrig

VORKENNTNISSE

Eventuell Umgang mit der Handkreissäge

Kratzer ausbessern

Sind nur mittelgroße Kratzer auf dem Holzboden zu sehen, reicht es, sie mit Hartwachs aufzufüllen. Das Wachs gibt es als Stift in mehreren Farben, passend zur Holzmaserung. Damit sich das Wachs erwärmen kann, hältst du es eine Minute in der Hand (alternativ verwendest du ein Reparaturset mit Wachsschmelzer). Anschließend reibst du es in den Kratzer. Dasselbe funktioniert auch bei kleinen Löchern.

Dellen ausbügeln

Ist ein stumpfer Gegenstand auf den Boden gefallen und hat eine Delle hinterlassen, ist das Holz in seiner Struktur nicht beschädigt, sondern eingedrückt. Die Fasern stehen wieder auf, wenn du ein gut feuchtes Tuch auf die entsprechende Stelle legst und mit dem heißen Bügeleisen vorsichtig darüberfährst. Eventuell ist die gebügelte Stelle nun rau. Dann schleifst du sie mit feinem Schleifpapier vorsichtig ab und lackierst oder ölst sie.

Teile erneuern

Lässt sich das Holz nicht ausbessern, musst du die beschädigten Teile erneuern. Parkettboden sägst du mit einer Handkreissäge rings um das beschädigte Stück ein. Anschließend hebelst du die Stücke mit einem Brecheisen heraus, befreist den Boden mit einem Spachtel von den Kleberresten und klebst neue Stücke ein. Der Boden muss an dieser Stelle geschliffen werden. Dazu musst du aber keine große Maschine ausleihen. Es reicht eine Handbandschleifmaschine oder ein Exzenterschleifer. Anschließend behandelst du die Oberfläche.

HINWEIS: Geöltes Parkett lässt sich problemlos ersetzen und neu behandeln. Schwierig ist es bei einem versiegelten Boden. Der Übergang zwischen altem und neuem Holz ist dort sehr gut sichtbar. Eventuell musst du den ganzen Boden abschleifen und neu versiegeln.

LIFEHACK: Hansdampf

Schon gewusst? Dein Bügeleisen lässt sich nicht nur für Kleidung und Holzböden verwenden, sondern auch für Teppich, wenn ein Möbelstück Druckstellen hinterlassen hat. Du füllst Wasser in ein Dampfbügeleisen, schaltest es auf Maximum und lässt den Dampf über der Druckstelle raus (nicht drücken!). Anschließend gut bürsten.

2.8. Boden abschleifen

Holzböden halten sehr lange, wenn man sie gut pflegt. Eine regelmäßige Reinigung mit Pflegeseife oder Pflegeöl ist keine schlechte Idee. Wann das erforderlich ist, sagt dir der Boden selbst: Er wird stumpf.

Hilft die regelmäßige Pflege nicht mehr, musst du den Boden abschleifen - am besten mit einer Walzenschleifmaschine.

Für das Abschleifen einer größeren Holzfläche gibt es nur eine sinnvolle Lösung: Du leihst dir im Baumarkt eine Walzenschleifmaschine. Das ist kein Problem, es wird kein Fähigkeitsnachweis verlangt.

DU BENÖTIGST

Eine Walzenschleifmaschine, Schleifbänder in verschiedenen Körnungen und Staubsäcke.

ZEITAUFWAND

Zum Abschleifen von 20 m² mit Rand fünf bis sieben Stunden (mit Pausen).

KRAFTAUFWAND

Mittel bis hoch
Die Schleifmaschine ist ca. 45 kg schwer, steht sie aber endlich im Raum, musst du sie nur führen.

VORKENNTNISSE

Keine Angst vor großen, lauten Maschinen.

Bevor du mit dem Schleifen beginnst, entfernst du die Sockelleisten und schlägst hervorstehende Nägel entweder bis unter die Holzoberfläche oder ziehst sie heraus.

Den ersten Schleifgang führst du mit Körnung 40 durch. Ist der Boden dick mit Farbe gestrichen (sogenanntes Ochsenblut, es war früher beliebt und ist vor allem in Altbauten zu finden), kaufst du Schleifbänder der Körnung 25. Bei parallel verlegtem Parkett schleifst du in Faserrichtung des Holzes. Ist das Parkett dagegen in Mustern verlegt, schleifst du diagonal. Dielen zu schleifen ist besonders aufwändig, weil sie sich mit der Zeit verziehen und dadurch Unebenheiten entstehen. Diese schleifst du ebenfalls diagonal ab. Dabei arbeitest du über Kreuz. Erst in die eine Richtung, dann im 90°-Winkel dazu, bis der Boden ganz sauber ist. Eventuell musst du das Schleifpapier mehrmals wechseln. Ist es zugesetzt oder mit Farbe verschmiert, schleift es nicht mehr richtig.

Nun nimmst du ein Schleifband mit Körnung 80 und gehst genauso vor wie beim ersten Schleifgang. Die Kratzer, die das Schleifband hinterlassen hat, sollten alle verschwunden sein.

Hast du in Längsrichtung geschliffen, reicht der zweite Arbeitsgang aus. Sind die Riefen vom Schleifen noch zu tief oder hast du diagonal geschliffen, schleifst du in einem dritten Arbeitsgang mit Körnung 120.

Schon beim Schleifen mit der großen Maschine wirst du bemerken, dass du nur bis etwa 10 cm an die Wände heranschleifen kannst. Um den Rand auch zu schleifen fährst du noch einmal in den Baumarkt und leihst dir eine Randschleifmaschine und kaufst passendes Schleifpapier dazu. Beim Schleifen gehst du in denselben Schritten vor wie mit der Walzenschleifmaschine, allerdings bewegst du die Schleifmaschine kreisförmig.

HINWEIS: Wenn du die Maschine startest, berührt die Schleifwalze bzw. der Schleifteller noch nicht den Boden. Mit einem Hebel senkst du sie ab. Wichtig ist, dass du die Maschine schon bewegst und sie nicht steht, während du die Walze absenkst. Das ergibt Verbrennungen auf dem Boden und tiefe Riefen, die du nur schlecht wieder ausschleifen kannst.

LIFEHACK: Nach der Party

Heute sind Weinflaschen ja nur noch selten mit richtigen Korken ausgestattet. Aber von der letzten Party ist vielleicht ein Sektkorken übriggeblieben. Schneide ihn in Scheiben und klebe diese unter die Stuhlbeine. So vermeidest du Kratzer.

2.9. Holzfußboden lackieren oder ölen

Ein Fußboden muss oberflächenbehandelt werden, ansonsten ist das Holz nach kürzester Zeit schmutzig. Häufig werden Holzböden geölt, vor allem bei älteren Parkettböden findet sich aber auch eine Lack-Versiegelung.

DU BENÖTIGST

Hartöl, Hartwachsöl oder, alternativ Grundierung, eine Walzenschleifmaschine und einen Schleifklotz sowie Parkettversiegelungslack; eine Rolle mit langem Stiel.

ZEITAUFWAND

Für 20 m² je Arbeitsgang 30 Minuten; Trocknungszeit zwölf bis 24 Stunden.

KRAFTAUFWAND

Mittel bis hoch
Die Maschine ist ca. 45 kg schwer, steht sie im Raum, musst du sie nur führen.

VORKENNTNISSE

Ein Gefühl für die richtige Öl- bzw. Lackmenge.

Parkett lackieren

Bevor du mit dem Versiegeln beginnst, musst du sichergehen, dass der Boden absolut sauber und fettfrei ist. Schon die kleinsten Staubkörnchen machen sich in der Oberfläche als Unebenheit bemerkbar. Am besten eignet sich ein feiner Besen oder ein Staubsauger. Feucht wischen solltest du den rohen Boden auf keinen Fall, sonst erheben sich die Holzfasern, die Oberfläche wird rau.

Mit dem Lackieren beginnst du in der Ecke, die der Tür gegenüberliegt und arbeitest dich bis zur Tür vor. Damit stellst du sicher, dass du den frisch behandelten Boden nicht betreten musst, um den Raum zu verlassen.

Der erste Arbeitsgang besteht im Grundieren. Du beginnst im rechten Winkel zur Holzrichtung und grundierst zuerst eine quadratische Fläche, die du mit der Rolle erreichen kannst. Anschließend gehst du mit der Rolle noch einmal in Holzrichtung über den Boden, allerdings ohne neue Grundierung aufzunehmen. So gehst du vor, bis der gesamte Zimmerboden grundiert ist.

Nun lässt du die Grundierung trocknen. Wie lange das genau dauert, erfährst du aus den Verarbeitungshinweisen auf der Verpackung. Anschließend schleifst du den Boden mit der Walzenschleifmaschine leicht an. Am besten eignet sich Schleifpapier der Körnung 150. Achte darauf, dass du mit der laufenden Maschine nicht stehen bleibst, sonst schleifst du Dellen in den Boden. Die Ränder und Ecken schleifst du von Hand an.

Nun trägst du den Parkettversiegelungslack auf. Vergiss nicht, ihn vor Gebrauch gut umzurühren. Dann gehst du vor wie bei der Grundierung: In Quadraten arbeiten, einmal gegen, anschließend mit der Faserrichtung des Holzes. Arbeite zügig, damit der Lack nicht antrocknet.

Dielen oder Parkett ölen

Ölen ist weniger anspruchsvoll als Lackieren. Denn das Material ist etwas gnädiger gegenüber Anfängern: Es trocknet nicht als Schicht, sondern zieht ins Holz ein. Übergänge sind nicht deutlich sichtbar, man kann einen geölten Fußboden auch gut nachbessern. Ist der Boden vor dem Ölen nicht hundertprozentig sauber, macht das auch nicht so viel aus.

Um das Öl aufzutragen, verwendest du eine Walze mit langem Stiel (Teleskopstiel; er kann auch kurz sein, das ist aber nicht so gut für den Rücken und die Knie). Achte darauf, dass die Walze nicht zu hart und nicht zu weich ist (die richtige Walze bekommst du vom Öl-Hersteller).

Gewalzt wird in Holzfaserrichtung. Bei der Dosierung musst du wahrscheinlich ein wenig üben. Die Walze darf nicht triefen, sonst hinterlässt du Schlieren. Die Menge sollte so ausfallen, dass das Holz das Öl aufsaugen kann. Aber als kleine Entwarnung: Sollte es nicht ganz so gut klappen, kannst du auch noch nach einigen Minuten überschüssiges Öl abnehmen.

Nach dem ersten Auftragen muss das Öl trocknen. Das dauert je nach Hersteller zwischen zwölf und 24 Stunden. Anschließend trägst du die zweite Schicht Öl auf. Achte hier noch genauer darauf, dass nicht zu viel Material auf die Oberfläche gelangt, denn das ergibt am Schluss, glänzende, klebrige Flecken. Nun lässt du das Öl wieder trocknen, bevor du den Fußboden betrittst.

TIPP: Einen ganzen Boden zu ölen macht Arbeit. Die willst du dir, wenn es geht, sicher ersparen. Ist der Boden nur stellenweise abgenutzt, machst du ihn sauber und ölst ihn lokal nach. Dafür eignet sich sogar das Schmierspray WD-40.

LIFEHACK: Tee trinken

Ist der Boden nicht mehr schön, greifst du, bevor du ihn abschleifst, besser zuerst zu altbewährten Hausmitteln. Bei unregelmäßigen Verfärbungen hilft zum Beispiel Schwarztee. Einfach einen starken Tee aufbrühen und zum Putzwasser geben (vielleicht auch zwischendurch selbst eine Tasse trinken...)

2.10. Laminat reparieren oder austauschen

Laminat hat viele Vorteile gegenüber Holz, es lässt sich beispielsweise leichter verlegen und reinigen. Der Nachteil ist: Nutzt es sich ab oder bekommt es einen Kratzer, wird sichtbar, dass sich unter der schönen oberen Schicht nur heller Kunststoff befindet. Ein Kratzer lässt sich füllen, abgeschabte Platten müssen ausgetauscht werden.

DU BENÖTIGST

Wachs und einen Spachtel (Reparaturset), al-ternativ eine neue Laminatpaneele sowie ein Brecheisen.

ZEITAUFWAND

Zehn Minuten pro Kratzer, mehrere Stunden, um Paneelen auszuwechseln (weniger, wenn sie sich am Rand befinden; mehr, wenn sie in der Raummitte liegen).

KRAFTAUFWAND

Niedrig

VORKENNTNISSE

Keine

Kratzer ausbessern

Kratzer auf dem Laminatboden lassen sich einfach mit Wachs füllen. Dazu wischst du den Boden zuerst feucht. Anschließend erwärmst du das Wachs (im Handel sind spezielle Reparatursets mit Wachs in verschiedenen Farben und Wachsschmelzer erhältlich) und träufelst es in den Kratzer. Das überschüssige Wachs entfernst du sanft mit einem Spachtel.

Laminat austauschen

Laminat wird in einzelnen Paneelen verlegt, die du auch austauschen kannst. Ist der Fußboden jedoch schon älter, kann es sein, dass er sich verfärbt hat. Das Stück, das du ausgetauscht hast, wird also gut sichtbar sein.

Die Laminatpaneelen sind mit einem Nut-und-Feder-System ausgestattet und werden, im Gegensatz zu Parkett, schwimmend verlegt, also nicht geklebt. Das hat einen Vor- und einen Nachteil: Du entfernst sie vom Boden, ohne sie zu zerstören, aber sie stecken ineinander fest. Du kannst sie nicht einfach heraushebeln, sondern musst die Paneele zwischen der Wand und dem beschädigten Stück ebenfalls entfernen. Wenn sich die schlechte Paneele am Rand befindet, ist der Arbeitsaufwand nicht so groß. Liegt es in der Mitte, kann es sein, dass du den halben Boden zurückbauen musst. Allerdings ist Laminat, wie gesagt, im Gegensatz zu Parkett nicht geklebt. Die Arbeit geht also schnell.

Als erstes schaust du, welcher Wand die Platte am nächsten liegt. Anschließend entfernst du dort die Sockelleiste und nimmst Paneele für Paneele heraus. Nun setzt du das neue Stück ein und vervollständigst den Bodenbelag wieder.

LIFEHACK: Weniger ist genauso viel

Anstelle eines ganzen Reparatursets kannst du auch einzelne Wachsstifte kaufen. Als Schmelzer verwendest du einfach eine Kerze, einen Spachtel hast du ja sowieso zu Hause.

2.11. Natursteinboden reinigen und pflegen

Steinböden sind modern. Egal, ob graumelierter Granit, dunkler Schiefer, rötlicher Sandstein oder weißer Marmor, ein solcher Boden in der Wohnung ist etwas Besonderes. Er sieht nicht nur edel aus, er hält auch sehr lange. Allerdings braucht er etwas Pflege, und dabei ist einiges zu beachten.

Naturstein ist offenporig (im Gegensatz zu Feinsteinzeug oder Fliesen) und deshalb anfällig für Flecken. Deshalb sollte der Boden auf jeden Fall versiegelt werden.

Vor dem Versiegeln ist aber die Reinigung an der Reihe. Dabei ist zu beachten, dass nicht jeder Stein dieselben Mittel verträgt. Marmor beispielsweise solltest du nicht mit Soda reinigen, auch Essigreiniger sind nicht geeignet, außer für Granit, der relativ unempfindlich gegenüber Essig ist.

Das Beste ist eine Lösung aus Wasser und Schmier- oder Kernseife. Sie reinigt den Boden schonend. Nach der Reinigung wäschst du die Fläche noch einmal gründlich mit Wasser nach, damit keine Seifenrückstände auf der Oberfläche verbleiben. Musst du hartnäckigere Flecken entfernen, kannst du auf Salmiakgeist oder Wasserstoffperoxid zurückgreifen. Diese holen auch Kaffee- und Weinflecken aus den Poren.

Nach der Reinigung kommt die Versiegelung. Teste erst einmal an einer nicht sichtbaren Stelle, wie der Stein auf die Versiegelung reagiert. Er sollte sich nicht verfärben oder aussehen, als wäre er nass. Je nachdem, ob du dich für eine flüssige Versiegelung oder Bohnerwachs entscheidest, trägst du das Mittel mit einer Gummilippe, flüssiges Bohnerwachs mit ein Baumwolltuch, das um einen Wischmopp gewickelt ist und festes Bohnerwachs mit einem Baumwolltuch von Hand auf.

LIFEHACK: Steinhart

Auch wenn Stein hart ist, Kratzer bekommt er manchmal doch. Die kannst du mit ein wenig Wasser und sehr feinem Nassschleifpapier in kreisenden Bewegungen wegpolieren. Drei Arbeitsgänge sind nötig: Mit Schleifpapier 180, 240 und 400. Anschließend kommt ein bisschen Politur drauf.

2.12. Teppichboden ausbessern

Teppich auszubessern ist keine ganz einfache Arbeit, denn am Ende soll man nicht sehen, dass etwas repariert wurde. Aber beispielsweise Brandlöcher im Teppich zu belassen, ist auch keine wirkliche Lösung.

Es gibt verschiedene Arten von Locheisen. Dieses wir mit einem kräftigen Schlag eines Hammers verwendet.

Wenn du keinen Teppichrest hast, musst du woanders auf vorhandenes Material zurückgreifen: Dafür rückst du einen Schrank zur Seite und stanzt oder schneidest dort ein Stückchen aus.

DU BENÖTIGST

Ein Stück Ersatzteppich, ein Locheisen oder ein Teppichmesser, einen Teppichkleber, ei-nen Gummihammer und einen Spachtel.

ZEITAUFWAND

Zehn Minuten für ein rundes Loch, 30 Minuten für einen rechteckigen Flicken.

KRAFTAUFWAND

Niedrig

VORKENNTNISSE

Keine

Brandloch ausbessern

Ein Brandloch ist klein, das Ausbessern einfach. Mit einem Locheisen stanzt du einfach das entsprechende Stück aus dem Teppich aus und hebst es mit einem Spachtel ab. Anschließend stanzt du ein entsprechendes Stück aus einem Teppichrest aus. Den runden Flicken klebst du in das Loch und klopfst ihn mit dem Gummihammer fest.

Rechteckiges Stück ersetzen

Möchtest du ein rechteckiges Stück ersetzen, schneidest du ein Stück aus dem Ersatzteppich aus, das etwas größer als das zu ersetzende Stück ist. Im Anschluss legst du das Stück auf den Teppich und schneidest den Teppich und das Ersatzstück gleichzeitig zu. So gehst du sicher, das Loch und Ersatz exakt gleich groß sind und dieselbe Form haben. Anschließend entfernst du den Fliesenkleber am Boden mit einem Spachtel, trägst neuen Kleber auf und klopfst den Flicken fest.

LIFEHACK: Haarschnitt

Nicht jedes Brandloch zerstört den Teppich komplett. Gelegentlich reicht es, dem Teppich an der entsprechenden stelle mit der Nagelschere zu Leibe zu rücken. Aber nur ganz wenig abschneiden, sonst sieht man die Delle.

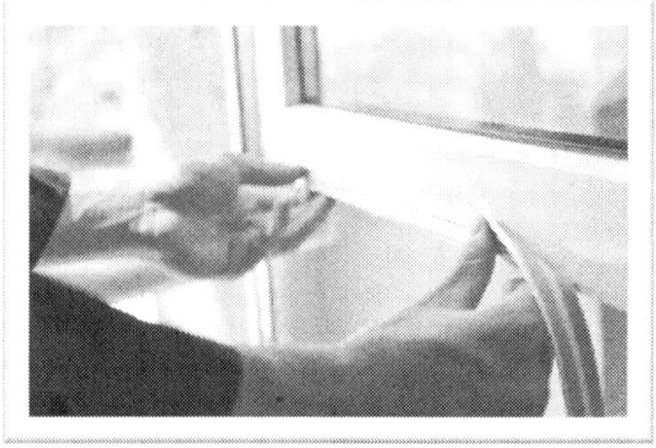

3

Fenster und Türen

3. Fenster und Türen

Fenster und Türen müssen dicht sein, damit keine Wärme verloren geht. Gleichzeitig sollen sie sich leicht öffnen und schließen lassen. Schließlich sind sie häufig in Gebrauch. Und dann sollten sie auch noch gut aussehen. Das alles unter einen Hut zu bringen, ist gar nicht so einfach, denn es sind viele bewegliche Teile und der diverse Witterungseinflüsse im Spiel. Für dich heißt das: Du musst die Fenster und Türen regelmäßig pflegen, außerdem gelegentlich streichen oder abdichten.

3.1. Fenster abdichten

Vor allem in älteren Häusern sind die Fenster oft nicht dicht. Das siehst du daran, dass stets ein leichter Zug herrscht und sich beispielsweise Kerzenflammen bewegen. Grund dafür, dass die Scheiben nicht mehr festsitzen ist, dass der Rahmen zum Mauerwerk hin undicht ist oder Fensterrahmen und -flügel nicht ganz passen.

Ein undichtes Fenster ist schnell abgedichtet. Du musst nur wissen, wie.

DU BENÖTIGST

Ein Cuttermesser, Fensterkitt, Spachtel; alternativ Silikon oder Acryl; alternativ eine Dichtung, Dichtband oder Silikon.

ZEITAUFWAND

20 bis 30 Minuten

KRAFTAUFWAND

Niedrig

VORKENNTNISSE

Umgang mit der Silikonpistole

Scheiben befestigen

Lockere Scheiben kommen vor allem bei alten Holzfenstern vor. Das Glas steckt im Rahmen und ist mit Fensterkitt abgedichtet. Mit der Zeit wird der Kitt bröckelig und fällt ab. Die Folge ist, dass Luft durch den Spalt hindurch kommt und die Scheiben eventuell bei windigem Wetter sogar klappern.

Du behebst das Manko, indem du den Kitt erneuerst. Dazu schneidest du den bröckeligen Kitt mit dem Cuttermesser aus der Fuge. Dort, wo der Kitt in Ordnung ist, kannst du ihn so lassen. Dann streichst neuen Kitt mit dem Spachtel hinein. Die Arbeit selbst geht schnell. Was lange dauert, ist das Trocknen des Kitts. Auf der Verpackung findest du Hinweise, wie lange der Kitt trocknen muss, bevor du ihn überstreichen kannst. Eine Woche solltest du mindestens warten.

Den Rahmen am Mauerwerk abdichten

Der Fensterrahmen wird beim Einbau zum Mauerwerk hin abgedichtet. Bei älteren Häusern kann es aber sein, dass das

Dichtmaterial herausfällt, weil es bröckelig geworden ist oder sich der Rahmen verzogen hat. Um zu prüfen, ob sich ein Spalt aufgetan hat, durch den Zugluft eintritt, fährst du mit einer Kerze an der Innenseite des Fensterrahmens entlang und schaust von außen, ob du einen Lichtschimmer siehst (eventuell kann dir eine zweite Person dabei helfen). Falls ein Lichtschimmer vorhanden ist, nimmst du Silikon oder Acryl aus der Kartusche, um den Spalt abzudichten. Silikon ist in diesem Fall besser für den Außenbereich geeignet. Acryl für innen, da es sich überstreichen lässt.

Fensterrahmen und -flügel abdichten

Schließt der Fensterrahmen nicht mehr dicht, kann das zwei Gründe haben: Die Dichtung ist porös geworden oder der Holzrahmen hat sich verzogen.

Im ersten Fall entfernst du die alte Dichtung und verkittest das Fenster neu ab. Dazu kannst du eine Dichtung verwenden, die in eine schon vorhandene Nut (Rille) geklemmt wird, ansonsten kaufst du selbstklebendes Dichtband und klebst es einfach auf den Rahmen. Die alte Dichtung entfernst du, indem du sie mit dem Cuttermesser durchschneidest und dann abziehst. Eventuell musst du mit einem Schraubenzieher nachhelfen. Wenn du selbstklebendes Dichtband verwendest, musst du die Fläche, auf die es geklebt wird, im Vorfeld säubern. Dazu verwendest du einen scharfen Stechbeitel oder eine Abziehklinge, kleine Reste kannst du mit einem Tuch und Reinigungsmittel abreiben.

Beseitige die alte Dichtung und dichte dann dein Fenster mit einer Dichtung in einer schon vorhandenen Nut oder mit selbstklebendem Dichtband ab.

Hat sich der Fensterflügel leicht verzogen, kannst du die Dichtung an der Stelle entfernen, an der der Flügel nicht mehr am Rahmen anliegt und ein diverse Stück Dichtband aufkleben, das den Spalt überbrückt. Die Alternative besteht darin, Silikon an der entsprechenden Stelle auf den Fensterrahmen aufzutragen.

Dann legst du ein Stück mit Seifenwasser benetzter Frischhaltefolie auf das Silikon und schließt das Fenster. Das Silikon passt sich exakt an Rahmen und Flügel an. Nachdem das Silikon getrocknet ist, entfernst du die Frischhaltefolie.

LIFEHACK: Tassen im Schrank

Sind deine Stechbeitel stumpf und es ist keine Schleifmaschine in Sicht? Dann hast du bestimmt Tassen im Schrank. Suche dir eine mit rauer Unterseite, an ihr kannst du den Beitel wetzen.

3.2. Was tun, wenn das Fenster klemmt?

Immer wieder kommt es vor, dass das Fenster klemmt. Dabei muss es nicht einmal besonders alt sein. Es ist relativ normal, dass sich etwas verzieht, weil der Fensterflügel ein Gewicht an den Angeln darstellt und deshalb absackt oder sich verstellt. Das zu beheben ist kein großes Problem, denn moderne Fenster lassen sich mit einem Inbusschlüssel einstellen.

DU BENÖTIGST

Einen Inbusschlüssel (4 mm).

ZEITAUFWAND

15 Minuten pro Fenster

KRAFTAUFWAND

Niedrig

VORKENNTNISSE

Geduld mit den Stellschrauben

Moderne Fenster haben mehrere Einstellmöglichkeiten. Sie befinden sich an den Angeln. An der unteren Angel befindet sich das sogenannte Ecklager. Es ist für die Höhenverstellung des Fensters zuständig. An der oberen Angel dagegen findest du das Scherenlager. Damit verstellst du das Fenster nach rechts und links.

Klemmt dein Fenster unter und sitzt es zu tief, justierst du es am Ecklager.

Zum Justieren am Ecklager hebst du die Kappe über der Angel mit einem Cuttermesser oder einem kleinen Schraubenzieher ab. Nun siehst du eine Schraube. Diese drehst du im Uhrzeigersinn ein Stück weit. Dadurch wird das Fenster angehoben. Du drehst so lange an der Schraube, bis das Fenster wieder richtig funktioniert. Klemmt es oben, machst du genau das Gegenteil: Du drehst die Schraube gegen den Uhrzeigersinn, damit sich das Fenster insgesamt absenkt.

Es kann aber auch sein, dass dein Fenster zum Beispiel an der unteren Ecke an der Griffseite klemmt, dann sitzt es nicht mehr ganz gerade im Rahmen. Jetzt kommt das Scherenlager an der oberen Angel ins Spiel, weil du nicht das gesamte Fenster, sondern nur die eine Ecke anheben möchtest. Auch hier schraubst du mit dem Inbus im Uhrzeigersinn, um die Ecke anzuheben.

3.3. Gummidichtungen pflegen

Fenster und Haustüren sind mit Gummidichtungen ausgestattet, damit keine kalte Luft herein kommt. Damit die Dichtungen länger elastisch bleiben, solltest du sie pflegen.

DU BENÖTIGST

Einen Silikonspray oder ein anderes Gummipflegemittel und einen Lappen.

ZEITAUFWAND

15 Minuten pro Fenster

KRAFTAUFWAND

Niedrig

VORKENNTNISSE

Keine

Eine Gummidichtung zu behandeln geht ganz schnell. Du öffnest die Tür oder das Fenster, gibst ein wenig von dem Pflegemittel auf den Lappen und fährst damit einmal über den Gummi an der Tür-

oder Fensterseite. Das wiederholst du drei Mal pro Dichtung. Anschließend wartest du ein paar Minuten, bevor du Tür oder Fenster wieder schließt, damit das Pflegemittel kurz antrocknen kann.

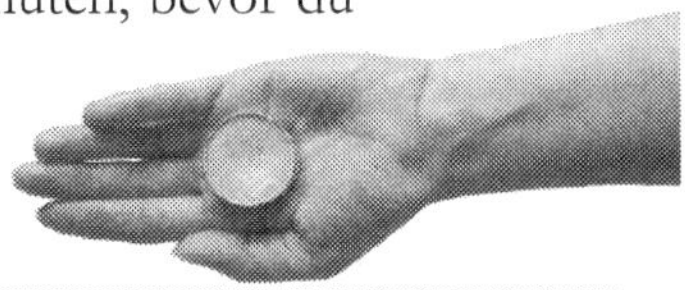

LIFEHACK: Kosmetik für die Gummipflege

Kein Silikonöl oder anderes Pflegemittel im Haus? Dann nimm einen Lippenpflegestift, um die Dichtungen zu behandeln. Farblosen natürlich.

3.4. Oberflächenschäden am Fenster ausbessern

Holz- und Kunststofffenster haben empfindliche Oberflächen. Da kann es schon passieren, dass der Fensterrahmen oder der Fensterflügel Kratzer oder kleine Macken bekommt. Das ist aber kein Grund zur Aufregung. Es gibt einige Tricks, wie du das Fenster wieder in einen schönen Zustand versetzen kannst.

DU BENÖTIGST

Ein Tuch, einen Markierungsstift, eine Ziehklinge, flüssiges Schleifmittel, Schleifklotz aus Kork und Schleifpapier der Körnung 400, 600, 800, 1200, 1800, 2400, 3200, 4000, Polierpaste. Für Holzfenster benötigst du Wachs (eventuell ein Reparaturset mit Wachsschmelzer und Spachtel, das du auch für den Fußboden verwenden kannst) oder Holzkitt und einen Holzspachtel, alternativ einen feuchten Lappen und ein Bügeleisen.

ZEITAUFWAND

15 Minuten pro Fenster

KRAFTAUFWAND

Mittel
Weitere Personen: Kleine Fenster lassen sich problemlos aushängen. Für Fenster ab 1 m2 Fläche kannst du eine zweite Person um Hilfe bitten

VORKENNTNISSE

Etwas Übung mit der Ziehklinge

Kratzer an Kunststofffenstern ausbessern

Kratzer an der Oberfläche von Kunststofffenstern setzen sich schnell mit Schmutz zu und werden sichtbar. Um sie zu entfernen, hängst du das Fenster aus. Dazu musst du zuerst die Abdeckkappe an der oberen Angel entfernen. Das geht ganz einfach. Du ziehst sie einfach nach vorne. Mit einem Schraubenzieher drückst du den Drehbolzen nach unten und ziehst ihn heraus, bis es "klack" macht. Dann drehst du den Fenstergriff so, dass sich das Fenster öffnen lässt und ziehst das gesamte Fenster am Griff nach oben. Dadurch wird die untere Angel aus ihrem Drehbolzen gehoben.

Anschließend reinigst du den Rahmen. Dann ziehst du die Abziehklinge vorsichtig an der Stelle über den Kunststoff, an der sich die Kratzer befinden. Arbeite dabei vorsichtig (probiere die Abziehklinge an einem alten Stück Kunststoff aus, wenn du das noch nie zuvor gemacht hast) und nimm nur so viel Material ab, bis die Kratzer verschwunden sind.

Dann musst du diese Stelle schleifen und polieren. Du nimmst den Schleifklotz und ein Stück Schleifpapier der Körnung 400 und schleifst die Stelle, die du eben mit der Abziehklinge bearbeitet hast, mit wenig Druck ab. Anschließend wischt du mit einem Tuch nach. Dann kommt das Schleifpapier mit der Körnung 600 an die Reihe. Du schleifst und wischst die Stelle ab. So gehst du weiter vor bis du Körnung 4000 erreicht hast.

Jetzt ist der Rahmen feingeschliffen und wird poliert. Du gibst die Polierpaste direkt auf den Schleifklotz und fährst damit erst über die bearbeitete Stelle, bis sie glänzt. Erst dann über das gesamte Rahmenteil, damit zwischen bearbeitetem und nicht bearbeitetem Kunststoff kein Übergang sichtbar ist.

Kratzer an Holzfenstern ausbessern

An Holzfenster können sowohl Kratzer auftauchen, als auch Macken, Dellen und Risse. Risse und Kratzer füllst du mit farblich entsprechendem Wachs. Dazu erwärmst du das Wachs - mit einem Wachsschmelzer oder einer Kerze - und träufelst es in den Riss. Den Überschuss ziehst du mit einem Spachtel vorsichtig ab. Für diese Arbeit solltest du das Fenster ebenfalls aushängen, damit das Wachs richtig in den Riss hinein laufen kann.

Alternativ kannst du statt Wachs auch Holzkitt verwenden. Dafür musst du das Fenster nicht aushängen. Wachs sieht aber schöner aus. Diesen kaufst du in der Tube und streichst ihn mit einem Holzspachtel in den Riss oder das Loch. Nachdem der Kitt getrocknet ist (siehe Herstellerangaben), schleifst du ihn mit Schleifpapier der Körnung 240 eben.

Anders sieht es aus, wenn das Holz eine Delle bekommen hat. Dann ist das Material nicht beschädigt oder gerissen, sondern nur eingedrückt. Die Holzfasern richten sich unter dem Einfluss von Feuchtigkeit und Wärme wieder auf. Du feuchtest einen Lappen an (er sollte nicht zu trocken sein, aber auch nicht triefen), hältst ihn an die Delle und fährst mit der Spitze des Bügeleisens darüber. Das wiederholst du so oft, bis die Delle ausgebügelt ist. Eventuell musst du den Lappen noch einmal anfeuchten, bzw. einen Zipfel verwenden, der vom Bügeleisen nicht getrocknet wurde.

LIFEHACK: Knoblauch stinkt nicht

Hat die Fensterscheibe eine kleine Macke oder einen kleinen Riss, hilft eine Kochzutat: Knoblauch. Schneide eine Zehe auf und reibe sie über die Scheibe. Der austretende Saft kaschiert den Riss. Das funktioniert bei allen Fenstern.

3.5. Montage von Fensterbeschattungen

Fenster sind da, um Licht hereinzulassen. Manchmal ist es aber lästig. Wenn es beispielsweise im Sommer zu hell ist oder du dich am Abend vor neugierigen Blicken schützen möchtest. Nicht alle Häuser sind indes mit Rollläden ausgestattet. Es gibt jedoch praktische Lösungen für die Selbstmontage.

DU BENÖTIGST: Eine Klemmrollo oder ein Plissee, eine Schere.

ZEITAUFWAND: 30 Minuten pro Fenster

KRAFTAUFWAND: Niedrig

VORKENNTNISSE: Keine

Klemmrollo montieren

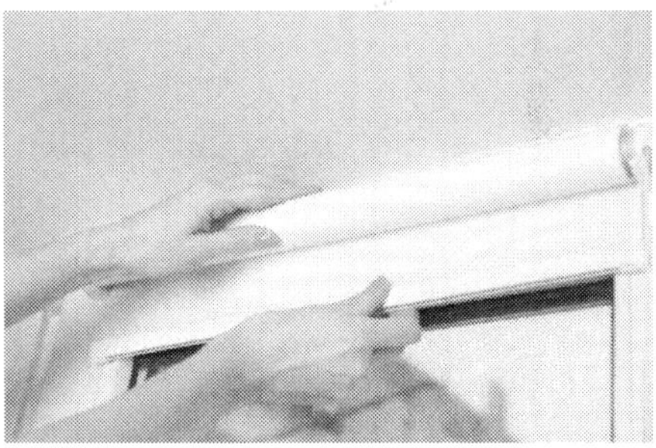

Klemmrollos sind leichte Rollläden, die innen am Fenster angebracht werden. Zuerst baust du die Halterungen nach Anleitung zusammen. Anschließend öffnest du das Fenster und hängst die Halterungen oben an den Fensterflügel. Nun schiebst du die Rolle mit dem Rollo auf die vorgesehenen Stifte an den Halterungen und presst diese an Rolle und am Fensterrahmen zusammen, so dass alles stramm sitzt. Fertig.

Plissee anbringen

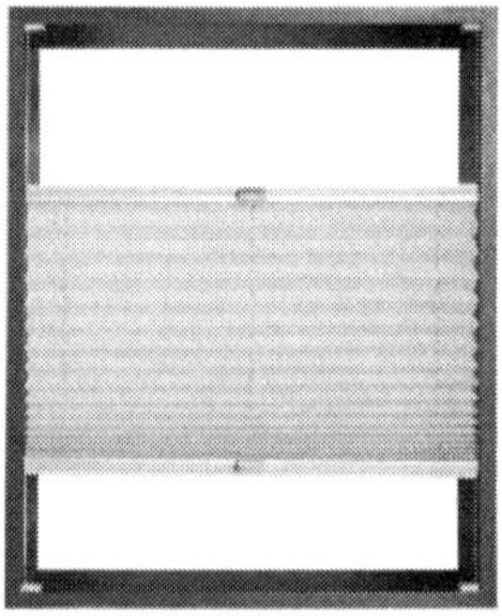

Plissees sind die Fensterabdeckungen im Ziehharmonikadesign. Um die richtige Größe zu finden, musst du zuerst Höhe und Breite des Fensterflügels ausmessen. Dann kaufst du das passende Plissee.

Je nach Art werden Plissees unterschiedlich befestigt. Wir empfehlen Klemmhalterungen. Die Montage ist einfach. Zuerst baust du die Klemmhalterungen zusammen und klemmst sie oben und unten an den Fensterflügel. Richte sie dabei so aus, dass sie genau dort sitzen, wo die Scheibe in den Rahmen läuft. Den zweiten Teil der Halterungen befestigst du am Plissee selbst.

Jetzt sind die Führungsschnüre an der Reihe, an denen das Plissee läuft. Du fädelst sie oben und unten in die Klemmhalterungen ein. Die Halterungen sind mit Spannern ausgerüstet. Indem du diese im Uhrzeigersinn drehst, spannst du die Schnüre. Überstehende Schnurreste schneidest du ab. Das Plissee hängt jetzt gerade (und noch geschlossen) vor der Fensterscheibe. Bringe die Halterungen oben und unten richtig in Position, sodass die Schnüre parallel verlaufen. Nun kannst du das Plissee nach oben und unten verschieben, wie du möchtest.

HINWEIS: Klemmrollos und Plissees dunkeln den Raum nicht so ab wie ein richtiger Rollladen. Das Praktische an ihnen ist jedoch, dass du nicht bohren musst, also weder in der Wand noch im Fenster, sodass dort irgendwann Löcher zu sehen sind.

3.6. Holzfenster streichen

Holzfenster sind sehr schön, aber nicht ganz unproblematisch. Denn der natürliche Werkstoff benötigt Pflege, damit er keinen Schaden nimmt und lange gut aussieht. Um die Lasur und den Lack zu erhalten, solltest du das Fenster regelmäßig mit Schmierseife abwaschen, dabei aber keine scharfen Reinigungsmittel verwenden. Trotzdem musst du die Fenster nach einer gewissen Zeit streichen, und zwar, bevor Farbe und Lack abblättern oder sich die Lasur abreibt.

DU BENÖTIGST

Schleifpapier, einen Lappen, Pinsel oder Farbroller, Lasur, Lack oder Farbe, eventuell zusätzlich einen Heißluftföhn, einen Spachtel und Abbeizer.

ZEITAUFWAND

Anschleifen und Streichen eine Stunde pro Fenster, Trocknungszeit nach Herstellerangaben (in der Regel zwölf Stunden); für das Entfernen ganzer Farbschichten bis 4 Stunden pro Fenster plus 24 Stunden Einwirkzeit für den Abbeizer.

KRAFTAUFWAND

Niedrig
Solltest du die Fensterflügel ausbauen, benötigst du je nach Fenstergröße eventuell Hilfe von einer zweiten Person.

VORKENNTNISSE

Keine

Du musst die Fensterflügel zuerst einmal ausbauen. Geölte Fenster solltest du jedes Jahr nachbehandeln, Farbe, Lasur und Lack erneuerst du alle fünf Jahre.

Die Fenster streichen solltest du in einer Schönwetterperiode im Sommer, damit du nicht bei der Arbeit von Regen überrascht wirst und die Fenster am Haus fehlen.

Damit Lack, Lasur und Farbe gut halten, musst du das Holz mit feinem Schleifpapier (Körnung 180) anschleifen. Das heißt, du entfernst nicht die vorherige Farbschicht, sondern raust sie nur auf. Ist die Farbe oder der Lack stellenweise lose, entfernst du alle Plättchen mit einem Spachtel und schleifst anschließend. Für die Flächen verwendest du einen Exzenterschleifer, die Ecken schleifst du von Hand.

Sind deine Holzfenster dicht mit Farbe gestrichen und möchtest du diese ganz entfernen, beispielsweise um die natürliche Maserung des Holzes sichtbar zu machen, musst du einen größeren Aufwand betreiben. Du pinselst alle Holzteile großzügig mit Abbeizer ein und lässt diesen einwirken. Abbeizer ist ein Mittel, das die Farbe anlöst. Es kann bis zu 24 Stunden dauern, bis sich die Farbe vom Holz gelöst hat. Wann der richtige Zeitpunkt ist, um die Farbe mit dem Spachtel abzunehmen, siehst du daran, dass die Farbe ganz labbrig geworden ist, Blasen wirft und sich schon von selbst ablöst. Lässt sich nicht die ganze Farbe entfernen, wendest du den Abbeizer nochmal an. Die Ecken zu säubern ist besonders schwierig. Anschließend schleifst du das Fenster gründlich ab, zuerst mit grobem Schleifpapier (Körnung 80), dann mit immer feinerem (Körnung 120, 150, 240).

HINWEIS: Da du auch den eingebauten Fensterrahmen abbeizen musst, solltest du das Fensterbrett mit Folie abdecken, weil der Abbeizer auch andere Materialien angreift.

Jetzt ist das Fenster bereit zum Streichen. Ölst du deine Fenster, trägst du das Material mit einem Lappen oder Pinsel auf. Den ersten Anstrich lässt du nach Herstellerangaben trocknen und trägst im Anschluss eine zweite Schicht auf. Farbe und Lack kannst du mit einem Pinsel oder einer Farbrolle auftragen. Auch hier benötigst du zwei Anstriche.

TIPP: Achte beim Kauf der Farbe oder der Lasur auf ein hochwertiges Produkt. Fenster sind einer starken thermischen Belastung ausgesetzt (Sonneneinstrahlung), das Holz arbeitet. Die Farbe und der Lack sollten diese Bewegungen des Holzes mitmachen. Öl ist da unproblematisch, weil es keine Schicht bildet, sondern in die Fasern einzieht.

3.7. Türen abdichten

Undichte Türen sind lästig, weil es dadurch die ganze Zeit zieht. Nicht nur ist das Haus im Winter dadurch kälter, es sind auch ständig Windgeräusche zu hören. Mit einigen einfachen Methoden bekommst du die Türen dicht.

DU BENÖTIGST

Bürstendichtungen oder Gummidichtungen

ZEITAUFWAND

Pro Tür 20 Minuten

KRAFTAUFWAND

Mittel
Zusätzliche Personen: Zimmertüren, die nicht aus Massivholz bestehen, sind leicht und können problemlos von einer Person aus- und eingehängt werden. Für schwere Massivholz-türen bittest du eine zweite Person um Hilfe.

VORKENNTNISSE

Keine

Bürstendichtungen befestigen

Türen sind unten undicht, wenn sie etwas zu kurz sind. Das passiert beispielsweise, wenn du einen neuen Fußbodenbelag legst, der etwas dünner als der alte ist. Generell ist aber ein Luftspalt von etwa 7 mm für unten in der DIN 18101 vorgeschrieben (wobei es durchaus Toleranzen gibt, der Luftspalt kann also auch etwas größer oder kleiner sein). Dass dort Luft hindurch kommt ist klar. Für diese Fälle gibt es Bürstendichtungen. Du hängst die Tür aus und klebst die Dichtungen unter das Türblatt. Die Bürsten streifen beim Öffnen und Schließen am Fußboden und passen sich Unebenheiten an.

Gummidichtungen anbringen

Gummidichtungen verwendest du, wenn Türblatt und Rahmen nicht dicht schließen. Zuerst entfernst du die alte Dichtung, dann bringst du die neue an. Es gibt mehrere Varianten, sieh vor dem Kauf nach, welche für deine Tür infrage kommt. Möchtest du eine

Gummidichtung, die in eine vorgesehene Nut (Rille) gesteckt wird, muss deine Tür mit einer solchen Nut ausgestattet sein. Ansonsten kaufst du eine selbstklebende Dichtung und klebst diese in den Falz des Türblatts.

LIFEHACK: Kein Kaugummi

Beim Abdichten der Tür wird oft das Schlüsselloch vergessen, dabei kommt auch dort kalte Luft herein (das ist kein Witz!). Wird die Tür nicht regelmäßig abgeschlossen, kannst du es problemlos zumachen. Ein alter Kaugummi wäre eine Lösung, dann hast du beim Entfernen aber ein Problem. Besser ist ein Streifen Tesafilm über das Schlüsselloch zu kleben.

3.8. Türen kürzen

Hast du einen neuen Fußboden verlegt und nun passt die Tür nicht mehr? Das kann passieren. In diesem Fall musst du die Tür unten absägen.

DU BENÖTIGST

Zwei Böcke, alternativ zwei Leisten, die du unter das Türblatt auf die Werkbank legst; eine Handkreissäge und Führungsschiene, Klebeband, feines Schleifpapier.

ZEITAUFWAND

Pro Tür eine Stunde

KRAFTAUFWAND

Mittel
Zusätzliche Personen: Leichte Zimmertüren, die nicht aus Massivholz bestehen, können problemlos von einer Person aus- und einge-hängt werden. Für schwere Massivholztüren bittest du eine zweite Person um Hilfe.

VORKENNTNISSE

Umgang mit der Handkreissäge

Bevor es ans Sägen geht, musst du die Tür ausmessen. Hänge sie dazu ein. Steht sie auf dem Boden, siehst du an den Angeln, um wie viel du sie kürzen musst. Dann hängst du das Türblatt wieder aus. Damit die Tür beim Sägen nicht ausreißt, klebst du jetzt einen Streifen Klebeband über die ganze Breite beidseitig unten auf die Tür. Dann zeichnest du das Maß unten an.

Jetzt legst du die Führungsschiene auf das Türblatt und klemmst sie fest. Dann bringst du die Säge in Position. Achte darauf, dass das Sägeblatt beim Anschalten keinen Kontakt mit dem Holz hat, sondern frei läuft. Mit einem zügigen, durchgehenden Schnitt sägst du das Türblatt ab. Am Schluss fährst du mit feinem Schleifpapier über die Kanten, um ihnen ihre Schärfe zu nehmen.

LIFEHACK: Holz statt Metall

Führungsschienen aus Metall sind teuer. Du kannst genauso gut eine lange Wasserwaage oder ein wirklich gerades Brett verwenden. Diese befestigst du mit Schraubzwingen auf der Tür.

3.9. Türschloss auswechseln

Willst du den Hausschlüssel austauschen oder ist er dir im Türschloss abgebrochen? Dann musst du den Schließzylinder auswechseln. Das geht einfach und ist kein Fall für den Fachmann.

DU BENÖTIGST

Einen Schraubenzieher und einen neuen Schließzylinder.

ZEITAUFWAND

Zehn Minuten

KRAFTAUFWAND

Niedrig

VORKENNTNISSE

Keine

Um den Schließzylinder zu wechseln musst du nur eine Schraube lösen. Sie befindet sich unter dem Riegel in der Seite des Türblatts und hält den Schließzylinder fest, sodass man ihn nicht herausziehen kann, wenn die Türe geschlossen ist.

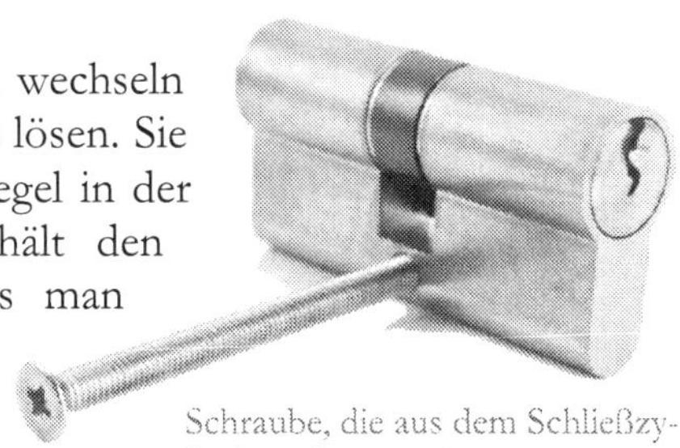
Schraube, die aus dem Schließzylinder gelöst werden muss. muss.

Ist die Schraube gelöst, ziehst du den Zylinder am Schlüssel heraus. Drehe den Schlüssel dazu leicht. Anschließend steckst du den neuen Zylinder hinein, positionierst ihn richtig und drehst die Schraube wieder in ihr Loch.

Du musst natürlich einen Zylinder in passender Größe kaufen. Du hast dafür die Möglichkeit, den Zylinder auszubauen und damit in den Baumarkt zu fahren, dann bleibt die Tür kurz offen. Oder aber du misst den Zylinder aus, bevor du ihn ausbaust. Dazu misst du von Mitte der Befestigungsschraube auf beiden Seiten nach außen bis zur Kante des Türblatts und von der Türfläche die Dicke der Abdeckplatte auf dem Türblatt. Achtung: Schließzylinder sind nicht immer symmetrisch. Du musst dir also notieren, wie lang der Zylinder ist und wie viele Millimeter von beiden Enden entfernt das Loch für die Halteschraube sitzt.

LIFEHACK: Gabeltrick

Um den Schließzylinder mit zum Baumarkt zu nehmen, kannst du die Tür mit einer Gabel abschließen. Du biegst die ersten 10 mm der Zinken im rechten Winkel um. Dann brichst du die Gabel hinter dem Kopf ab. Öffne die Tür und stecke die angewinkelten Zinken in die Aussparung für die Türfalle im Türrahmen. Schließe die Tür. Die Schlitze der Gabel schauen heraus, dort hinein steckst du quer den Stiel. Die Tür ist gesichert.

3.10. Scharniere pflegen

Scharniere und Angeln finden sich überall an Fenstern und Haus-, Wohnungs- und Möbeltüren. Damit sie nicht klingen wie in den Horrorfilmen, müssen sie gelegentlich gepflegt und geschmiert werden.

DU BENÖTIGST

Einen Lappen und Silikonöl oder ein anderes Schmieröl.

ZEITAUFWAND

Zehn Minuten pro Scharnier

KRAFTAUFWAND

Niedrig
Zusätzliche Personen: Leichte Zimmertüren, die nicht aus Massivholz bestehen, können problemlos von einer Person aus- und einige-hängt werden. Für schwere Massivholztüren bittest du eine zweite Person um Hilfe.

VORKENNTNISSE

Keine

Scharniere und Angeln haben eine glatte Oberfläche, wodurch sie sehr leicht laufen. Ist die Oberfläche trocken oder, noch schlimmer mit Staub verschmutzt, fängt die Tür oder das Fenster beim Öffnen und Schließen an zu quietschen. In diesem Moment findet auch eine erhöhte Abnutzung statt.

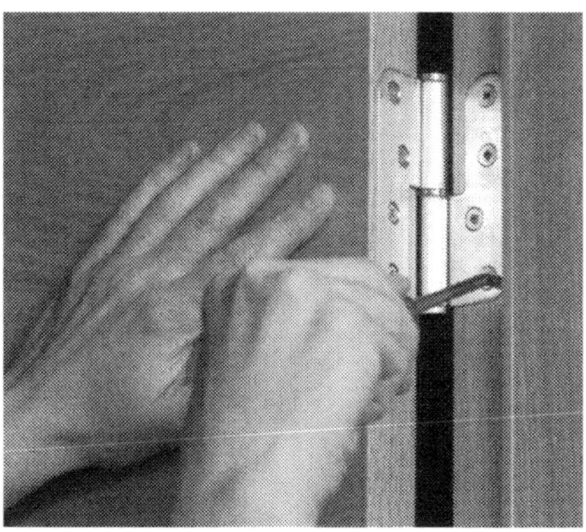

Dem kannst du vorbeugen, indem du einmal im Jahr die Türen aushängst, die Drehbolzen mit einem Tuch abwischt und ein Tröpfchen Öl draufgibst. Fenster lassen sich meist nicht so bequem aushängen. Um an die Drehbolzen an den Angeln zu gelangen, kannst du versuchen, sie ein wenig anzuheben. Fensterangeln kannst du auch mit Fett schmieren, aber nur, wenn die Angeln mit einer Abdeckung aus Kunststoff versehen sind. Denn Fett zieht Staub an. Liegen die Angeln offen, verschmutzen sie schnell wieder.

LIFEHACK: Nicht nur Handcreme

Kein Schmieröl im Haus? Dann vielleicht Vaseline. Auch damit kannst du ein Scharnier behandeln.

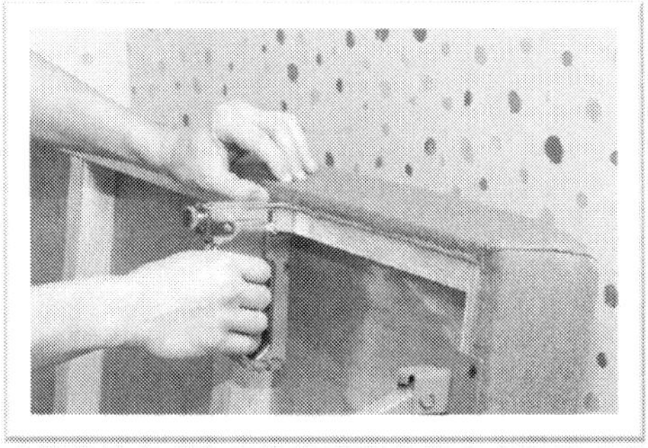

4

Möbel

4. Möbel

Möbel sollen funktionieren, wozu haben wir sie sonst? Durch den regelmäßigen Gebrauch nutzen sie sich aber auch ab oder gehen kaputt. Du musst den kaputten Stuhl jedoch nicht gleich wegwerfen, ebenso wenig wie das durchgesessene Sofa. Repariere und pflege deine Möbel lieber.

4.1. Stuhl reparieren

Stühle müssen einiges aushalten. Da ist zum einen das Gewicht der sitzenden Personen. Zum anderen werden die Stühle nach hinten und vorne geschoben, gelegentlich auch nach hinten gekippt. Das alles belastet die Verbindungen. Am häufigsten sind die Zargen betroffen, also die waagrechten Verbindungsstücke zwischen den Stuhlbeinen, manchmal aber auch die Lehne oder das Polster.

DU BENÖTIGST

Einen Schraubenzieher oder einen Akkuschrauber, einen Stechbeitel und Schleifpapier; Holzleim; Schraubzwingen oder einen Spanngurt.

ZEITAUFWAND

Je nach Schaden eine halbe bis zwei Stunden plus Trocknungszeit für den Leim.

KRAFTAUFWAND

Niedrig

VORKENNTNISSE

Du solltest mit einem Stechbeitel und Schraubzwingen umgehen können.

Um den Stuhl richtig reparieren zu können, musst du zunächst einmal die Sitzfläche abschrauben (wenn es sich um einen Stuhl mit Polster oder hölzerner Sitzfläche handelt). Anschließend nimmst du alle Teile auseinander, die nicht mehr richtig fest sind.

Das ist sehr wichtig, denn wenn du nur ein bisschen Leim an eine Verbindung gibst und den Stuhl wieder zusammenklopfst, hält er nicht wirklich lang. Eben weil die Arbeit sorgfältig ausgeführt werden muss, dauert sie auch etwas länger.

Am besten verwendest du für die Demontage einen Gummihammer und klopfst damit alle Verbindungen ab. Die festen Teile kannst du so lassen – wenn du sie mit Gewalt trennst, kann das Holz reißen.

Hast du den Stuhl auseinandergenommen, musst du den Leim von den Zapfen und den Holzflächen entfernen. Auf den Holzflächen geht das mit dem Stechbeitel ganz einfach. Anschließend schleifst du leicht über die Fläche. Lass die Fläche aber nicht zu groß werden, sonst sieht man hinterher, wo geschliffen wurde und wo nicht. Dann müsstest du die Oberfläche des Stuhls neu behandeln. An den Zapfen (den Teilen, die im Stuhlbein verschwinden) ist das Entfernen des Leims etwas langwieriger, denn du musst wirklich alle Ecken und Flächen sauber machen. Eventuell hilft eine Raspel dabei. Nimm aber nicht zu viel Holz ab, sonst sind die Zapfen später zu klein.

Wenn alle Teile von Leim gesäubert sind, steckst du den Stuhl einmal probehalber zusammen. Dadurch gehst du nicht nur sicher, dass später alles passt, du hast auch beim Verleimen weniger Stress, weil du die Handgriffe schon kennst.

Jetzt endlich kommt der Leim an die Reihe. Wichtig ist, dass die Schraubzwingen oder Spanngurte schon parat liegen. Gib etwas Leim in die Zapfenlöcher und verteile ihn mit einem Holzspan. Dann gibst du weiteren Leim an die Zapfen selbst und verteilst ihn. Jetzt sollte es zügig gehen: Du steckst alle Teile zusammen. Wenn du lange Schraubzwingen hast, kannst du den Stuhl damit zusammenpressen. Ansonsten nimmst du einen Spanngurt, legst ihn direkt über die Verbindungen und zurrst ihn fest.

Jetzt ist der Stuhl repariert. Schraubzwingen oder Spanngurt kannst du nach wenigen Stunden lösen, richtig belasten solltest du den Stuhl aber erst nach 24 Stunden.

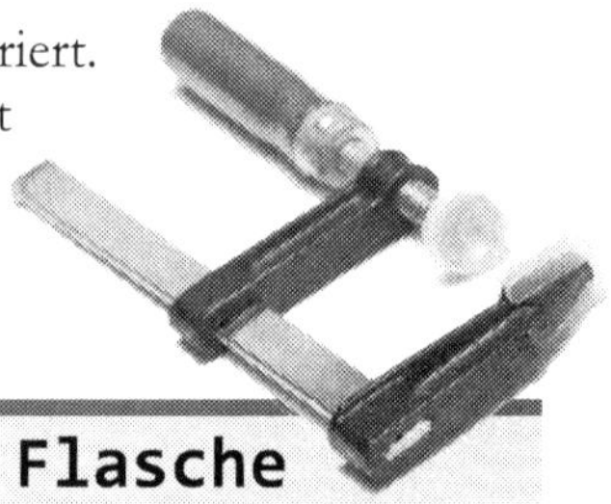

LIFEHACK: Voll die Flasche

Schraubzwingen sollten Kunststoffkappen an den Auflageflächen haben, sonst verletzt du das Holz. Sind die Kappen verloren gegangen, kannst du runde Kappen selbst herstellen: Du nimmst passende Flaschendeckel und drückst sie auf die runde Auflage.

4.2. Sitzfläche von Sitzmöglichkeiten reparieren

Nicht nur die Holzteile eines Stuhls werden beansprucht, auch die Sitzfläche selbst. Bei gepolsterten Stühlen nutzt sich der Stoff ab oder die Federn haben nicht mehr so viel Spannung wie früher. Von furnierten Sitzflächen können sich kleine Späne lösen oder geflochtene Stuhlflächen bekommen Löcher. Hier findest du Tipps, wie du alle drei Arten Stühle sowie Sofas reparieren kannst.

DU BENÖTIGST

Für gepolsterte Stühle einen kleinen Schraubenzieher und eine Zange, eventuell einen Handtacker oder elektrischen Tacker, eine Schere, Federn und/oder Stoff. Für Stühle mit furnierter Sitzfläche ein Cuttermesser, dünne Holzkeile, Holzleim, zwei Schraub-zwingen, ein Brett, Frischhaltefolie und einen Klotz zum Unterlegen. Für eine geflochtene Sitzfläche das Geflecht, Splintpeddigrohr, Kei-le, Holzleim, einen schmalen Stechbeitel, einen Hammer, ein Cuttermesser.

ZEITAUFWAND

Für das Ersetzen der Sprungfedern eine Stunde, für das Polstern zwei Stunden. Einen furnierten Stuhl reparierst du in einer halben Stunde plus zwei Stunden Trocknungszeit für den Leim. Für das Erneuern des Stuhlgeflechts benötigst du zwei Stunden.

KRAFTAUFWAND

Niedrig

VORKENNTNISSE

Du benötigst ein wenig Geduld und hand-werkliches Geschick.

Gepolsterte Sitzfläche erneuern

Eine gepolsterte Sitzfläche kannst du mit mittelmäßigem Aufwand reparieren. Wenn nur die Federn keine Spannung mehr haben, nimmst du die Sitzfläche ab, entfernst die alten Federn, kaufst neue und bringst diese an. Achte beim Kauf darauf, dass du die gleichen Federn bekommst. Sie sind meist auf einer Stahlunterlage befestigt. Du siehst an deinem Stuhl, wie das Montieren funktioniert.

Benötigt dein Stuhl neuen Stoff, ist das auch kein Problem. Du suchst dir einfach ein passendes Stück und nimmst die Sitzfläche ab. Jetzt entfernst du den Bezug. In der Regel ist er auf der Unterseite festgetackert. Du löst die Klammern mit einem kleinen Schraubenzieher und einer Zange. Wenn du schon dabei bist, kannst du auch gleich nachsehen, ob der Schaumstoff noch in Ordnung oder schon brüchig geworden ist. Sollte letzteres der Fall sein, ersetzt du ihn durch ein ähnlich dickes Stück. Eventuell befinden sich noch andere Stofflagen in der Polsterung. Wenn du sie noch gebrauchen kannst, tackere sie beim Zusammenbau der Sitzfläche wieder so fest, wie sie waren, ansonsten ersetzt du auch sie.

Jetzt geht es ans Bespannen. Schneide den Stoff großzügig zu. Besser es steht später etwas über, als dass du gerade noch so knapp am Stoffrand tackern kannst. Du legst die Oberseite des Stoffs auf einen Tisch und den Sitz mit dem Polster nach unten oben drauf. Dann tackerst du den Stoff an einer Seite mit drei Klammern fest. Setze die Klammern dabei nicht an den Ecken an, denn diese werden später glattgezogen. Anschließend ziehst du den Stoff stramm und fixierst die gegenüberliegende Seite. Dann machst du dasselbe mit der dritten und der vierten Seite.

Nun sind die Ecken an der Reihe. Wenn du zum ersten Mal einen Stuhl bespannst, ist das vielleicht ein bisschen mühselig. Es lohnt sich aber, ordentlich zu arbeiten. Im Prinzip gehst du vor, wie wenn du ein Geschenk einpackst: Du schlägst den Stoffzipfel ein, gleichzeitig ziehst du den Stoff glatt. Am Schluss sollte nur eine Falte an der Ecke zu sehen sein. Dann tackerst du den Stoff fest. Anschließend erledigst du wieder die gegenüberliegende Ecke, dann Nummer drei und vier.

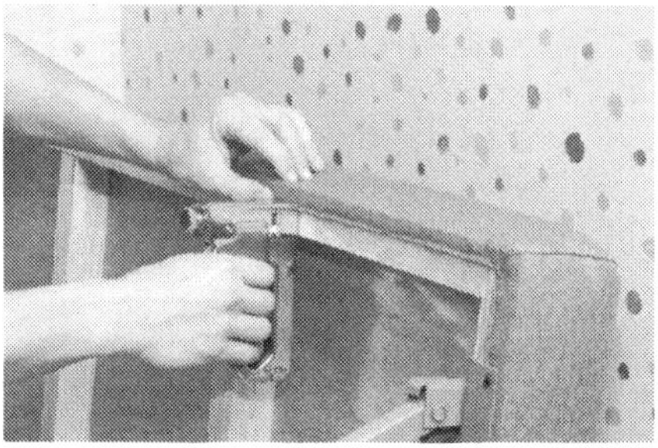

Wenn der Stoff schön straff und faltenlos ist, tackerst du ihn ringsum richtig fest. Setze dabei die Klammern dicht nebeneinander.

Furnierte Sitzfläche reparieren

Furnier ist sehr dünn und deshalb empfindlich. Es kann sein, dass es sich abhebt oder sich Splitter lösen, beispielsweise wenn der Stuhl nass geworden ist. Wenn du einen solchen Schaden siehst, solltest du sofort handeln, bevor du mit deiner Hose am Sitz hängenbleibst und alles noch schlimmer wird.

Das Furnier reparierst du, indem du es dort, wo es sich abgehoben hat, mit dem Cuttermesser in Faserrichtung einschneidest. Dann hebst du es vorsichtig an beiden Seiten des Schnittes an und schiebst einen dünnen Keil darunter. Jetzt gibst du Holzleim in den Hohlraum und ziehst die Keile heraus. Anschließend muss die Fläche gepresst werden. Dazu legst du zuerst ein Stück Frischhaltefolie auf den Schnitt, damit der Leim nicht auch den Klotz, den du jetzt darauflegst, an den Stuhl klebt. Über den Klotz legst du quer ein Brett und spannst es rechts und links mit den Schraubzwingen auf den Zargen fest. Warte zwei Stunden, bevor du die Schraubzwingen wieder löst. Ist Leim aus dem Schnitt ausgetreten, reibst du ihn mit einem feuchten Tuch ab. Eventuell musst du die Sitzfläche anschleifen und neu ölen oder lackieren.

Geflochtene Sitzfläche erneuern

Stühle mit Sitzflächen aus geflochtenen Binsen oder Rattan sind ebenfalls einfach zu reparieren, wenn du nicht vorhast, das Stuhlflechten zu erlernen. Du kannst das Geflecht nämlich nachkaufen.

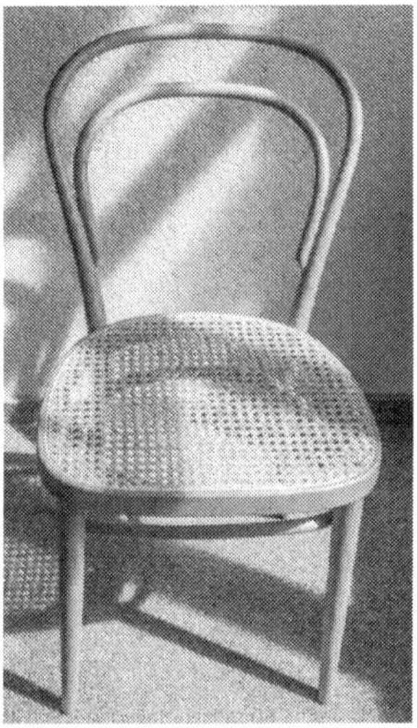

Zuerst löst du das alte Geflecht. Es ist mit Splintpeddigrohr in einer Nut an der Unterseite befestigt. Feuchte das Splintpeddigrohr an (Stühle, deren Geflecht mit Löchern im Stuhl verflochten ist, kannst du so nicht reparieren. Dann muss die ganze Sitzfläche neu geflochten werden.) und lasse das Wasser eine halbe Stunde einziehen. So lässt es sich besser lösen. Du kannst erkennen, wo die beiden Enden zusammenstoßen. Dort setzt du mit einem kleinen Stechbeitel an und hebst es heraus. Nun ziehst du das Geflecht aus der Nut heraus. Vielleicht musst du es dazu einschneiden, damit du es besser greifen kannst. Jetzt musst du die Nut mit dem Stechbeitel von Leimresten säubern.

Schneide als nächstes das Geflecht auf die richtige Größe zu. Das heißt, du benötigst auf jeder Seite 5 cm mehr als die Stuhlfläche groß ist. Dann tauchst du das Geflecht in Wasser, nimmst es wieder heraus und watest eine halbe Stunde, bis das Wasser eingezogen ist. Das Geflecht ist dann geschmeidig und lässt sich gut formen. Verarbeite es gleich weiter, es sollte noch feucht sein.

Jetzt gibst du Leim in die Nut und legst das Geflecht auf den Stuhl. Mit kleinen Keilen drückst du es in die Nut. Verwende einen Keil alle zehn Zentimeter. Anschließend gibst du Leim auf das Geflecht in der Nut und drückst das Splintpeddigrohr hinein. Der Symmetrie halber solltest du den Anfang des Peddigrohrs mittig unter der Stuhllehne platzieren. Abschnittsweise ziehst du einen Keil heraus und drückst das Peddigrohr hinein. Dann klopfst du das ganze Splintpeddigrohr mit einem Hammer fest.

Der Stuhl ist fast fertig. Du musst nur noch den Überstand des Geflechts abschneiden. Dazu hebst du es außen an und schneidest es dicht am Peddigrohr ab, sodass wirklich nichts mehr übersteht, an dem du hängenbleiben kannst. Den Stuhl kannst du nach 24 Stunden wiederverwenden, wenn der Leim getrocknet ist.

Sitzfläche des Sofas reparieren

Gemütlich auf der Couch zu lümmeln ist schön, auch für die Couch. Was das Sofa eher nicht so gerne hat, ist, dass Kinder darauf herumtoben. Aber auch das passiert. Und mit den Jahren setzt der Sitzfläche auch das Gewicht normal sitzender Bewohner zu. Zeit für ein neues Sofa? Nur, wenn du die Wohnung sowieso neu einrichten möchtest. Ansonsten reparierst du die Sitzfläche.

DU BENÖTIGST

Einen kleinen Schraubenzieher und eine Zange, einen Hand- oder Elektrotacker, Holzleisten, Metallplatten, Schrauben und einen Akkuschrauber.

ZEITAUFWAND

Zwei bis drei Stunden, je nachdem, wie viele Latten du einsetzen musst.

KRAFTAUFWAND

Niedrig

VORKENNTNISSE

Keine

Die Konstruktion der Sitzfläche variiert von Couch zu Couch. Manche Sofas sind mit einem Holzrahmen und einer Mittelstrebe sowie flachen Wellenfedern ausgestattet. Die Federn, auf denen die Sitzpolster liegen, verteilen das Gewicht auf den Rahmen. Entweder sind die Sitzpolster abnehmbar oder aber der Soff ist über den ganzen Rahmen gespannt. Die zweite Möglichkeit ist, dass eine Hartfaserplatte mit darauf montierten Sprungfedern als Grundlage der Sitzfläche dient. Die Platte wird durch stabilisierende Querlatten verstärkt.

Zuerst nimmst du also die Polster ab, um nachzusehen, wie dein Sofa aufgebaut ist. Abnehmbare Polster liegen auf einer Stofflage auf, die sie vor den Federn schützt. Dann löst du den Stoff. Meist ist er festgetackert. Du löst die Klammern mit einem kleinen Schraubenzieher und einer Zange. Ist das Polster fest mit dem Rahmen verbunden, ist es ebenso unter dem Holz festgetackert.

Dann siehst du, dass entweder der Rahmen durchgebrochen ist, oder die Hartfaserplatte und die Leisten gebrochen sind. Alternativ sind die Federn ausgeleiert oder gebrochen.

Ein gebrochener Rahmen lässt sich schnell reparieren. Du sägst mit einer Handsäge (Japansäge) entweder das Stück heraus und setzt eine neue Latte ein. Als Befestigung verwendest du Metallplatten mit Löchern. Wenn Platz ist, kannst du auch einfach eine Latte unter das gebrochene Stück schrauben.

Wenn die Hartfaserplatte kaputt ist, unterstützt du sie mit zusätzlichen Latten. Auch diese schraubst du fest (zusätzliche Stabilität bietet etwas Holzleim).

Wenn das Holz keinen Schaden aufweist, sind höchstwahrscheinlich die Federn für die durchgesessene Sitzfläche verantwortlich. Federn kannst du einfach nachkaufen und so einbauen, wie du die alten Federn entfernt hast. Anschließend tackerst du den Stoff über den Federn wieder am Rahmen fest.

TIPP: Grundreinigung

Das Sofa hat viele Ritzen, in denen sich Staub und Haare festsetzen. Wenn du die Couch schon auseinandernimmst, kannst du sie auch gleich gründlich reinigen, am besten mit dem Staubsauger.

4.3. Schubladen reparieren

Schubladen unterliegen in mehrfacher Hinsicht einer Belastung. Sie werden teilweise schwer beladen und beim Herausziehen wird die Front strapaziert. Kein Wunder also, dass sie gelegentlich kaputtgehen.

DU BENÖTIGST

Einen Stechbeitel, einen Bohrer, Schleifpapier, Holzleim und Schraubzwingen, alternativ einen Akkuschrauber, Schrauben und Holz- oder Kunststoffwinkel, um Fronten wieder zu befestigen.

ZEITAUFWAND

Eine Stunde für die Fronten; eine Stunde für den Boden.

KRAFTAUFWAND

Niedrig

VORKENNTNISSE

Umgang mit Schraubzwingen und der Bohr-maschine

Front befestigen

Die Front ist bei den meisten Schubladen das erste, was kaputtgeht, weil sie nur auf die Seiten aufgesetzt sind und du jedes Mal, wenn du die Schublade öffnest, daran ziehst. Plötzlich hältst du die Front einfach in der Hand. Die Dübel gucken frech heraus. Es hilft auch nicht, nur neuen Leim in die Löcher zu schmieren und die Front wieder aufzusetzen. Dann taucht das Problem nämlich gleich wieder auf. Am besten ist es, wenn du die Dübel entweder ganz entfernst und neue einsetzt, oder, wenn die Dübel in der Schublade festsitzen, sie gut mit Schleifpapier säuberst. Dann bohrst du die Löcher in der Front mit einem Bohrer derselben Größe (6 oder 8 mm) nach, um den alten Leim herauszuholen. Auch die Flächen, an der Schubladenseiten und Front zusammentreffen, solltest du kurz abschleifen oder, wenn es sich um eine beschichtete Front handelt, mit Schleifpapier aufrauen. Dann gibst du Leim auf die Dübel und in die Löcher, verteilst ihn und spannst die Front mit Schraubzwingen auf die Schublade. Warte einen Tag, bis du die Schublade wieder benutzt, damit der Leim trocknen kann.

Wenn die Dübellöcher ausgerissen sind (das kommt bei Schubladen aus Spanplatten vor), kannst du die Fronten auch mit Metall- oder Kunststoffwinkeln, die du innen in die Ecken schraubst, befestigen. Das sieht nicht so schön aus, aber innen sieht man es ja nicht.

Boden verstärken

Der zweite Teil einer Schublade, der oft kaputtgeht, ist der Boden. Er bricht nicht unbedingt durch, es kann aber sein, dass er aus der Nut rutscht, wenn er sich unter schweren Lasten verbogen hat. Du musst den Boden also zusätzlich festschrauben. Dazu nimmst du vier Leisten und schneidest sie so zu, dass sie innen an die Seiten, die hintere Seite und die Front passen. Dann bohrst du die Leisten vor, senkst die Löcher an (dafür gibt es einen speziellen, kegelförmigen Senker, die genau für diese Aufgabe gedacht sind), damit die Schraubenköpfe nicht über die Oberfläche der Leiste hinausstehen. Anschließend schraubst du die Leisten von innen oberhalb des Bodens an die Seiten. Zum Schluss drehst du die Schublade um und nagelst oder schraubst den Boden an den Leisten fest.

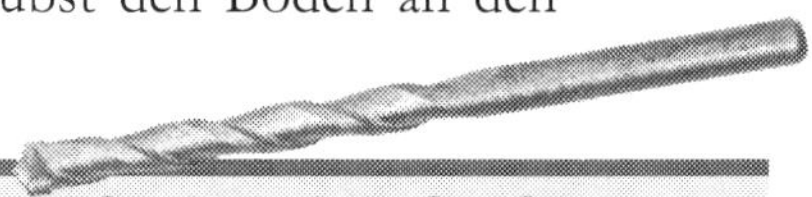

LIFEHACK: Der Bohrer macht's

Hast du keinen Senker zu Hause, musst du nicht extra einen kaufen. Du kannst auch einen 8- oder 10-mm-Metallbohrer verwenden. Du bohrst nicht tief, sondern nur so, dass durch die Spitze des Bohrers eine Vertiefung entsteht.

4.4. Schranktüren ausrichten

Hängt nach einigen Jahren die Schranktür schief? Das ist relativ normal, weil es sich bei den Scharnieren um bewegliche Teile handelt, die sich mit der Zeit verstellen. Du stellst sie einfach wieder richtig ein.

Einen mittelgroßen Schlitzschraubenzieher

Eine Stunde für die Fronten; eine Stunde für den Boden

Niedrig

Keine

Türen von Kleider- und Küchenschränken sind normalerweise mit Topfscharnieren befestigt. Diese haben mehrere Schrauben, an denen sich die Höhe und die Neigung und der Abstand der Türen zum Korpus einstellen lassen.

Hängt die untere Ecke der Schranktür, an der keine Scharniere befestigt sind, etwas nach unten ist dafür die vordere Schraube zuständig. Um die Ecke etwas anzuheben, drehst du die Schraube im Uhrzeigersinn an.

Liegt die Tür nicht gut am Korpus an, kannst du sie näher heranziehen oder wegdrücken. Das funktioniert mit der hinteren Schraube. Drehst du die Schraube im Uhrzeigersinn, wird die Tür an den Korpus herangezogen, gegen den Uhrzeigersinn entfernt sie sich.

Um die Tür insgesamt anzuheben oder abzusenken, löst du die unter und über dem Scharnier liegenden Schrauben, verschiebst die Tür und ziehst die Schrauben wieder an.

HINWEIS: Übung macht den Meister

Bei Schranktüren sind mindestens zwei Scharniere im Spiel. Du musst meistens, aber nicht immer, beide Scharniere verstellen, um zum richtigen Ergebnis zu gelangen. Aber keine Panik: Falsch machen kannst du nichts. Probiere es einfach aus.

4.5. Risse im Holz reparieren

Holz arbeitet unter dem Einfluss von Schwankungen in der Temperatur und der Luftfeuchtigkeit. Bei extremen Bedingungen kann es sogar sein, dass es reißt. Auch bei sehr alten Möbeln tauchen manchmal Risse auf. Sie haben normalerweise keinen Einfluss auf die Stabilität, sehen aber unschön aus.

DU BENÖTIGST

Holzkitt oder Wachs und einen Spachtel, alternativ ein passendes Stück Holz, einen Stechbeitel, Leim, Schleifpapier und Oberflächenmaterial.

ZEITAUFWAND

30 Minuten für einen kleinen Riss; eine Stunde für einen größeren Riss.

KRAFTAUFWAND

Niedrig

VORKENNTNISSE

Sicherheit mit dem Stechbeitel

Kleine Risse kannst du einfach mit farbigem Holzkitt oder Wachs ausbessern. Den Holzkitt bekommst du in der Tube. Du presst ihn in den Riss, gegebenenfalls hilfst du ein wenig mit einer Spachtel nach. Wenn der Kitt getrocknet ist, schleifst du ihn ab. Eventuell musst du die Stelle mit Öl oder Lack nachbehandeln. Als Alternative zum Kitt kannst du Wachs in der richtigen Farbe verwenden. Hast du ein Reparaturset gekauft, ist ein Wachsschmelzer vorhanden. Ansonsten erhitzt du das Wachs mit einer Kerze oder wärmst den Wachsstift in der Hand an und reibst das Material in den Riss. Anschließend fährst du vorsichtig mit einem Spachtel über die Oberfläche, um überschüssiges Wachs abzunehmen.

Größere Risse musst du mit einem Stück Holz füllen. Wähle dieselbe Holzart aus und schneide passende Stücke zu (du kannst das Holz mit einem Beil spalten und anschließend mit einem Stechbeitel zurechtschnitzen). Vorher säuberst du den Riss, sodass er gleichmäßige Kanten hat. Passe die Stücke so an, dass sie nicht zu klein, aber auch nicht zu groß sind. Ist das Füllstück zu breit, öffnet es den Riss noch weiter.

Dann gibst du Leim in den Riss sowie auf das Füllstück und verteilst ihn. Mit einem Gummihammer klopfst du das Stück in den Riss. Kannst du es nicht ganz ebenklopfen, nimmst du das überstehende Holz mit einem Handhobel ab (Etwa eine Stunde nach dem Verleimen kannst du mit dieser Arbeit beginnen). Ist noch der eine oder andere Spalt zu sehen, füllst du diesen mit Kitt oder Wachs. Anschließend schleifst du über die reparierte Stelle, bis die Oberfläche eben ist. Zuerst verwendest du gröberes Schleifpapier (Körnung 80), dann feineres (120, 180, 240). Am Schluss behandelst du die Oberfläche.

LIFEHACK: Dekoration

Risse müssen nicht stören, sondern können dekorativ sein. Hat sich ein gut sichtbarer Riss aufgetan, kannst du dessen Kanten mit Schleifpapier rundschleifen. Damit nimmst du den Kanten nicht nur die Schärfe, du akzentuierst den Riss, er wirkt gewollt.

4.6. Möbeloberfläche auffrischen

Ziehklinge

Lackierte oder geölte Möbel haben gelegentlich eine Auffrischung nötig. Das ist eine Arbeit, die richtig Spaß macht.

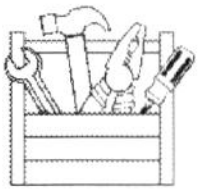

DU BENÖTIGST

Für geölte Holzoberflächen mittelgrobes und feines Schleifpapier, einen Lappen, Öl; für lackierte Oberflächen eine Ziehklinge, Schleifpapier, Lack und Pinsel, alternativ Möbelpolitur und einen Lappen.

ZEITAUFWAND

Eineinhalb Stunden für geölte Möbel, drei bis vier Stunden für lackierte Möbel, plus Trocknungszeit für Öl und Lack

KRAFTAUFWAND

Niedrig

VORKENNTNISSE

Umgang mit der Ziehklinge

Geölte Möbel auffrischen

Geölte Möbel haben den Vorteil, dass du sie nur anschleifen und neu ölen musst, damit sie wieder richtig gut aussehen.

Du nimmst also feines Schleifpapier (Körnung 240) und bearbeitest damit die ganze Oberfläche. Musst du Flecken abschleifen oder Kratzer ausschleifen, beginnst du mit Schleifpapier der Körnung 80 und arbeitest dich dann zum feineren Schleifpapier vor (120, 180, 240). Ist die Oberfläche glatt, wischst du sie mit einem trockenen Tuch sauber. Es sollte kein Schleifstaub mehr vorhanden sein.

Dann tunkst du einen Lappen in Öl und trägst dieses gleichmäßig mit kreisenden Bewegungen auf die Oberfläche auf. Trage dabei Handschuhe – Öl lässt sich schlecht von den Händen entfernen.

Am Schluss fährst du mit dem Lappen noch einmal in Holzfaserrichtung über die Oberfläche. Lasse das Öl trocknen und trage eine zweite Schicht Öl auf.

Lack erneuern

Lack lässt sich nicht so einfach erneuern wie Öl. Du musst dazu den ganzen Lack soweit es geht entfernen. Das machst du am besten mit der Ziehklinge, vor allem, wenn es sich um ein furniertes Möbelstück handelt. Schleifen hätte den Nachteil, dass sich das Schleifpapier sofort mit Lack zusetzt. Außerdem besteht bei Furnier die Gefahr, dass du es stellenweise ganz wegschleifst, dann kommt die innenliegende Spanplatte zum Vorschein.

Falls du noch nie mit einer Ziehklinge gearbeitet hast, solltest du die Funktionsweise vorher unbedingt an einem Stück Holz ausprobieren. Dann entfernst du den Lack von allen Oberflächen. Anschließend schleifst du die Flächen von Hand mit Schleifpapier der Körnung 120, dann 180 und 240 glatt.

Zum Lackieren verwendest du am besten einen etwas teureren Pinsel, der seine Borsten nicht so schnell verliert. Es ist sehr ärgerlich, wenn in einer lackierten Oberfläche plötzlich einige Härchen auftauchen! Danach trägst du den Lack gleichmäßig in Faserrichtung auf. Gehe eher sparsam vor, um Lacknasen und Tropfen zu vermeiden.

Lasse den Lack trocknen (nach Herstellerangaben). Schleife ihn im Anschluss mit feinem Schleifpapier an und lackiere ein zweites Mal.

Lack auffrischen

Lackierte Oberflächen musst du nur dann erneuern, wenn der Lack beispielsweise durch Wasser milchig geworden ist. Ansonsten reicht meist auch eine Politur aus. Du reinigst das Möbelstück zuerst mit einem feuchten Lappen oder mit Möbelreinigungsflüssigkeit. Ist die Oberfläche getrocknet, gibst du Politur auf ein Baumwolltuch und reibst sie mit kreisenden Bewegungen auf die Oberfläche, bis diese glänzt.

ACHTUNG: Antike Möbel sind normalerweise mit Schellack lackiert. Dafür gibt es spezielle Schellackpolituren.

LIFEHACK: Päuschen

Ölen und Lackieren ist immer mit einer Trocknungszeit verbunden. Was für den Lack gut ist, ist für den Pinsel schlecht. Wickle ihn daher in eine Plastiktüte oder in Frischhaltefolie. Bis zu 24 Stunden kann er dort bleiben und du kannst ihn wiederverwenden.

4.7. Flecken auf Textilbezügen und Glattleder entfernen

Flecken auf gepolsterten Möbeln sind keine schöne Sache, denn es kann zum richtigen Problem werden, Kaffee und Co. aus dem Bezug zu entfernen. Aber zum Glück gibt es viele Mittelchen, die das erleichtern. Dabei gilt: Je schneller du einen Fleck entfernst, desto weniger Chancen hat er, wirklich tief einzuziehen.

DU BENÖTIGST

Geeignetes Reinigungsmittel

ZEITAUFWAND

Zehn Minuten pro Fleck plus Einwirkzeit.

KRAFTAUFWAND

Niedrig

VORKENNTNISSE

Keine

Glattleder reinigen

Leder ist ein strapazierfähiges Material mit geschlossenen Poren. Dadurch kann es nicht so viel Schmutz aufnehmen wie beispielsweise Wildleder. Zum Reinigen verwendest du Lederbalsam oder (Leder)-fett. Sie pflegen das Leder gleichzeitig. Es gibt aber auch Reinigungssprays. Achte darauf, dass du das richtige Spray für deine Möbel kaufst. Teste das Ergebnis zuerst an einer nicht sichtbaren Stelle, beispielsweise an der Unterseite des Stuhls.

Flecken von Textilbezügen entfernen

Textilbezüge saugen Flüssigkeit auf, geben sie aber unter Umständen auch wieder ab. Kippt dir ein Glas Orangensaft auf den Teppich, ist deshalb die erste Reaktion, einen Eimer Wasser und einen Lappen zu holen und den Fleck so gut es geht auszuwaschen. Auch frische Wandfarbe lässt sich schnell mit Wasser entfernen. Ist der Fleck hartnäckiger bzw. schon älter, kaufst du einen Reinigungsschaum.

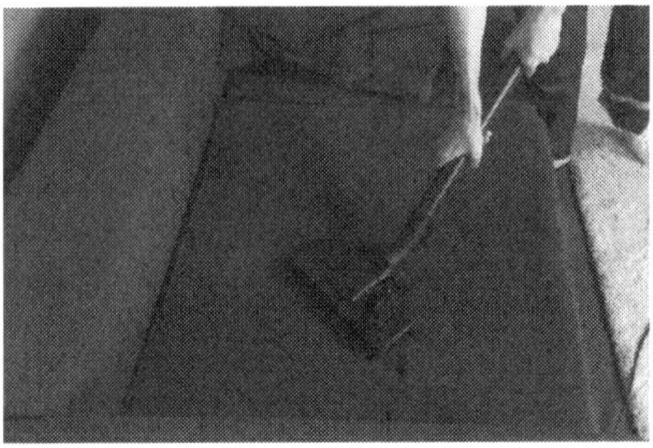

Hartnäckige Flecken lassen sich einfach durch einen Reinigungsschaum entfernen. Nach dem Einwirken mit dem Staubsauger aufsaugen.

Du sprühst den Schaum auf die betroffene Stelle und lässt ihn einwirken. Anschließend kannst du Schaum und Flecken mit dem Staubsauger aufsaugen.

TIPP: Ledermöbel sollten regelmäßig gepflegt und gereinigt werden. Verwende dafür schonende Mittel, die das Leder nicht angreifen. Schuhcreme ist beispielsweise keine Lösung, ebenso wenig wie scharfe Reinigungsmittel.

4.8. Bett reparieren

Legst du dich ins Bett und plötzlich macht es "Krach", der Lattenrost fällt herunter und du liegst schief da? Dann sind die Bettteile oder die Auflage für den Lattenrost nicht mehr sicher verbunden. Bei einem Doppelbett kann es sein, dass der Mittelholm gebrochen oder verrutscht ist.

DU BENÖTIGST

Eine 2 m lange Latte, eine Handsäge, einen Akkuschrauber mit Bit, einen 5-mm-Bohrer und 4,5-mm-Schrauben, Holzleim, zwei Schraubzwingen, eventuell einen Metallwinkel oder einen Stellfuß aus Kunststoff. Zum Zusammenhalten des Bettes benötigst du 4 Metallwinkel

ZEITAUFWAND

Zehn Minuten pro Riss, für das Ausbessern eines größeren Stücks etwa eine Stunde.

KRAFTAUFWAND

Mittel
Zum Herausheben der Matratzen und Lattenroste benötigst du eventuell eine zweite Per-son.

VORKENNTNISSE

Keine

Bettteile verbinden

Betten sind unterschiedlich montiert. Manche sind mit schrägen Dübeln zusammengesteckt, da kann eigentlich nichts passieren. Andere wiederum werden mit Drehverbindern und Bolzen zusammengehalten (kennst du auch von Schränken). Diese können mit der Zeit ausreißen, wenn es sich um ein Bett mit Seiten aus Spanplatten handelt und du das Bett öfter auseinanderbaust oder unsanft verschiebst.

Die Lösung ist, die Ecken von innen mit Metallwinkeln zu verstärken. Du setzt je einen Winkel in jede Ecke und befestigst jeden Winkel mit vier Schrauben. Schon ist das Bett wieder stabil.

Lattenrostauflage erneuern

Ist die Lattenrostauflage durchgebrochen oder sind die Schrauben ausgerissen (wenn die Bettseiten aus Sperrholz bestehen), fertigst du einfach eine neue Auflage an. Dazu schneidest du eine Latte auf das Bettinnenmaß zurecht. Dann versiehst du sie mit Löchern in 30 cm Abstand. Anschließend gibst du etwas Leim an, klemmst die Latte mit zwei Schraubzwingen an die richtige Position und schraubst sie fest.

Hast du es mit einer lackierten oder beschichteten Holzfläche zu tun, solltest du diese dort, wo die Leiste befestigt werden soll, mit grobem Schleifpapier anrauen. Dadurch hält der Leim besser und die Lattenrostauflage wird nie wieder herunterfallen, auch wenn das Bett gar nicht so stabil ist.

Mittelholm austauschen oder unterstützen

Der Mittelholm, auf dem die Lattenroste eines Doppelbetts aufliegen, ist eigentlich sehr stabil und geht nicht kaputt. Sollte er trotzdem gebrochen sein, muss jemand das Bett schon arg malträtiert haben. In diesem Fall kaufst du einen neuen Balken für die Mitte. Du sägst ihn auf exakt die gleiche Länge wie den alten Mittelholm zu (einige Millimeter weniger als 2 m), montierst die Einhängebeschläge vom alten Mittelholm ab und befestigst sie am neuen.

Ist nur der Fuß, der den Mittelholm mittig unterstützt, nicht mehr fest, kannst du ihn wieder befestigen (manche Füße sind gedübelt, was unsinnig ist, weil sie bei einer Bewegung des Bettes abknicken können). Dazu nimmst du den Mittelholm heraus, drehst ihn um und befestigst den Fuß mit ein paar kleinen Schräubchen und einem Metallwinkel. Hält perfekt und kippt nicht mehr weg. Alternativ hat der Fuß unten ein verstellbares Kunststofffüßchen. Wenn das Material abbricht, steht der Fuß nicht mehr sicher und neigt ebenfalls dazu, wegzuknicken. Dann tauschst du einfach das Stellfüßchen aus. Wahrscheinlich musst du es mit einer Wasserpumpenzange herausdrehen.

LIFEHACK: Schlafend bilden

Es heißt ja, man solle sich das Lehrbuch unter das Kopfkissen legen, wenn man für eine Prüfung lernt, damit man den Stoff im Schlaf aufsaugt. Wenn dein Doppelbett einen Mittelholm, aber keinen Fuß hat, legst du mittig einfach ein paar dicke Wälzer unter. Am besten die, die du nie wieder sehen möchtest...

5

Küche und Bad

5. Küche und Bad

In Küche und Bad finden sich viele Dinge, die man reparieren kann. Da gibt es Silikonfugen zu ziehen, Armaturen zu entkalken oder Fliesen auszutauschen. Und alles ist für den Heimwerker ganz einfach machbar.

5.1. Standherd höhersetzen

Standherde sind praktisch, weil sie nicht in die Küchenzeile integriert sind und du ihren Standort in der Küche frei wählen kannst. Das ist vor allem bei kleinen Wohnungen von Vorteil, wenn du die Küche aus mehreren Einzelelementen zusammensetzt. Die Küchenarbeitsplatte hat normalerweise eine Höhe von 90 bis 94 cm, der Standherd aber nur 85 cm. Er ist damit niedriger als die Küchenarbeitsplatte. Das stört die meisten Benutzer optisch. Er hat zwar Stellfüße, mit denen du kleine Höhenunterschiede und vor allem Unebenheiten im Boden ausgleichen kannst, mehr als ein paar Zentimeter höher kannst du den Standherd damit aber nicht setzen. Dann baust du ein Podest.

DU BENÖTIGST

Latten oder Bretter in der entsprechenden Breite, eine Platte, Stich- oder Japansäge, einen Hand- oder Elektrohobel, einen Akkuschrauber, Holzbohrer, Metallwinkel, Schrauben und Holzleim.

ZEITAUFWAND

Eineinhalb Stunden

KRAFTAUFWAND

Niedrig

VORKENNTNISSE

Keine

Ein Podest für den Standherd ist nicht besonders aufwändig. Zuerst misst du aus, um wieviel du den Herd höhersetzen musst. Dann kaufst du das Material: Vier Bretter oder Latten für den Rahmen, ein längeres Brett, das du in mehrere Teile schneidest und als Platte verwendest.

Zum Zusammenbauen des Rahmens verwendest du Metallwinkel, die du innen im Rahmen anbringst und Holzleim. Damit vermeidest du sichtbare Schrauben an der Vorderseite. Dann schraubst du die Platte oben auf den Rahmen und richtest das Podest mit der Wasserwaage aus. Eventuell musst du an manchen Seiten vom Rahmen unten ein Stück abhobeln, wenn der Boden nicht ganz eben ist. Setze die Winkel daher nicht zu weit nach unten. Jetzt hat dein Herd ein stabiles Podest, von dem er nicht herunterrutschen kann. Die Vorderseite des Podests kannst du im gleichen Design gestalten wie die Blenden, die unter deinen Küchenschränken verlaufen.

Wenn du dir nicht die Mühe mit einem ganzen Podest machen willst, kannst du auch vier Klötze unter die Standfüße des Herdes legen. An den vorderen zwei Klötzen befestigst du mit Winkeln ein Brett, damit die Klötze unter den Füßen nicht sichtbar sind und du auch eine Blende erhältst.

LIFEHACK: Brett unterm Fuß

Wusstest du schon, dass es angenehmer ist, im Kochtopf zu rühren, wenn der Herd nicht so hoch wie die Arbeitsplatte ist? Wenn es dich optisch nicht stört, dass die Ebene von Spüle und Arbeitsplatte durch den niedrigen Herd unterbrochen wird, kannst du auch einfach vorne und hinten ein Brett unter die Füße legen. Das geht definitiv schneller als ein Podest zu bauen.

5.2. Spüle abdichten

Die Spüle muss auf jeden Fall dicht eingebaut werden, damit das Wasser, das beim Abwasch danebenspritzt, nicht unter die Spüle und in die Arbeitsplatte gelangt. Ist die Spüle schon älter, solltest du gelegentlich kontrollieren, ob sie noch dicht ist, und sie gegebenenfalls neu abdichten.

DU BENÖTIGST

Silikon und eine Kartuschenpistole, Fugenwerkzeug, Seifenwasser und ein Sprühfläschchen, Klebeband, ein Cuttermesser.

ZEITAUFWAND

Eine Stunde pro Spüle

KRAFTAUFWAND

Niedrig

VORKENNTNISSE

Umgang mit der Silikonpistole

Wenn die Spüle frisch eingebaut wird, stehen zwei Abdichtungsmöglichkeiten zur Verfügung: Dichtband, das unter den Spülenrand gelegt wird und Silikon. Ist die Spüle schon fest, kommt zum nachträglichen Abdichten nur noch Silikon infrage.

Zuerst entfernst du das alte Silikon. Schneide es mit dem Cuttermesser ein und ziehe es aus der Fuge heraus. Entferne auch alle Reste. Dann klebst du die Arbeitsplatte und eventuell auch die Spüle mit Klebeband ab. Im nächsten Schritt legst du dir zurecht, was du brauchst: die Silikonpistole, das Fugenwerkzeug, eine Schüssel mit Seifenwasser, ein Sprühfläschchen.

Mit dem Klebeband bestimmst du die Fugengröße. Klebe das Klebeband 3 mm vom Spülenrand entfernt ringsum auf die Arbeitsplatte.

Falls du noch nie silikoniert hast, solltest du die Technik irgendwo ausprobieren. Hierfür nimmst du die Silikonpistole zur Hand, hältst sie im 45°-Winkel zur Oberfläche und drückst den Hebel. Ziehe eine Silikonschnur ohne abzusetzen um die Spüle herum. Fülle die Fuge dabei vollständig aus. Bist du fertig, entspannst du die Silikonpistole, damit kein Dichtmittel mehr austritt.

Jetzt besprühst du die Silikonschnur mit Seifenwasser. Es verhindert, dass das Silikon am Fugenwerkzeug kleben bleibt. Mit dem Fugenwerkzeug (für die Spüle ist eine kleine Rundung geeignet) ziehst du die Silikonschnur nun glatt. Wird es an manchen Stellen nicht ganz sauber, kannst du mit dem Finger nachbessern. Warte zehn Minuten, bis das Silikon leicht getrocknet ist und ziehe dann vorsichtig das Klebeband ab. Jetzt darfst du die Spüle nicht mehr benutzen, bis die Silikonnaht vollständig getrocknet ist. Hinweise zur Trocknungszeit findest du auf der Verpackung. Ist die Fuge nicht ganz sauber, entfernst du das überflüssige Silikon mit dem Cuttermesser.

LIFEHACK: Eis statt Kunststoff

Das Fugenwerkzeug zum Glätten der Silikonnaht gibt es im Baumarkt. Du benötigst es aber nicht unbedingt. Wenn du einen abgerundeten Eisstiel zu Hause hast, kannst du auch diesen benutzen. Eventuell musst du das Eis zuerst essen.

5.3. Kühlschrank richtig aufstellen

Den Kühlschrank aufzustellen dauert nicht lange und ist nicht schwierig. Allerdings ist es sinnvoll zu wissen, worauf es ankommt.

DU BENÖTIGST

Eine Wasserwaage

ZEITAUFWAND

Zehn Minuten

KRAFTAUFWAND

Mittel bis hoch (je nach Kühlschrankgröße) Zusätzliche Personen: Zum Tragen des Kühlschranks benötigst du auf jeden Fall eine zweite Person. Steht das Gerät, kannst du die Füße allein einstellen.

VORKENNTNISSE

Keine

Den richtigen Platz wählen

Der Kühlschrank kühlt, dazu benötigt er Energie. Je wärmer es in einem Raum ist, desto öfter läuft der Kühlschrank. Das hat nicht nur Auswirkungen auf die Stromrechnung, sondern auch auf die Haltbarkeit des Geräts. Wenn du deine Küche einrichtest, solltest du den Kühlschrank also möglichst nicht neben den Herd oder die Heizung stellen. Auch Plätze mit direkter und vor allem langer Sonneneinstrahlung sind nicht so gut. Besser ist eine dunklere Raumecke.

Kühlschrank ausrichten

Hast du den richtigen Platz gefunden, richtest du den Kühlschrank mit der Wasserwaage aus, sorgst also dafür, dass er gerade steht. Dabei helfen die Stellfüße. Jeder freistehende Kühlschrank ist mit diesen Füßchen ausgestattet. Indem du sie hinein- oder herausdrehst, kannst du Unebenheiten im Boden ausgleichen. Übrigens: Stelle den Kühlschrank nicht direkt an die Wand, sondern lasse ein paar Zentimeter Luft. Die Rückseite wird heiß – wenn die Hitze nicht entweichen kann, kann das Gerät Schaden nehmen.

Nach dem Aufstellen warten?

Immer wieder hört man, man solle nach dem Aufstellen des Kühlschranks etwa 24 Stunden warten, bevor man ihn anschließt. Diese Information gilt nicht für jeden Kühlschrank, sondern hängt vom Alter des Geräts und von der Transportart ab. Kühlschränke sind mit einem mit Öl gefüllten Saugschalldämpfer ausgestattet. Transportierst du den Kühlschrank liegend, ist es möglich, dass das Öl herausläuft und in den Kühlkreislauf gelangt. Damit es sich setzen kann, solltest du den Kühlschrank also im Stehen ruhen lassen. Das Kabel steckst du bei neuen Kühlschränken nach zwölf Stunden in die Steckdose, bei alten Geräten nach 24 Stunden. Hast du den Kühlschrank stehend transportiert, kannst du die meisten neuen Modelle sofort in Betrieb nehmen. Lies aber bitte vorher die Gebrauchsanleitung!

LIFEHACK: Stinkt nicht

Dass der Kühlschrank stinkt, kommt vor. Entweder, weil er vor dem Aufstellen lange im Keller stand und du ihn lange nicht saubergemacht hast oder er intensiv riechende Lebensmittel enthält. Entstinken lässt es sich mit gemahlenem Kaffee. Du stellst einfach ein Schüsselchen davon hinein, bald darauf riecht der Kühlschrank wieder angenehm.

5.4. Küchenoberschränke anbringen

Hast du dir überlegt, doch Oberschränke für deine Küche anzuschaffen? Dann musst du nicht den Schreiner rufen, damit er sie dir aufhängt.

DU BENÖTIGST

Eine Wasserwaage, einen Bleistift, einen Meterstab, eine Schlagbohrmaschine, Dübel mit Durchmesser 8 mm und Schrauben mit Durchmesser 5 oder 6 mm, 50 mm lang, eine Wandschiene und entsprechende Schrankaufhänger, einen Winkelschleifer mit Trennscheibe oder eine Metallsäge, einen Akkuschrauber und einen Schraubenzieher.

ZEITAUFWAND

30 Minuten pro Schiene, 15 Minuten pro Schrank

Mittel bis hoch, je nach Größe der Hängeschränke

KRAFTAUFWAND

Zusätzliche Personen: Sowohl das Anzeichnen der Markierungen als auch das Aufhängen der Schränke ist allein machbar, mit einer zweiten Person aber um einiges einfacher.

VORKENNTNISSE

Etwas technisches Geschick mit den Schienen und den Aufhängern, lesen von technischen Zeichnungen

1. Position bestimmen

Bestimme die genaue Position der Hängeschränke und markiere sie mit Wasserwaage und Bleistift an der Wand. Beachte dabei, dass die Schränke so hoch hängen sollten, dass du dir beim Arbeiten in der Küche nicht den Kopf anstößt. Der Abstand von der Arbeitsplatte sollte mindestens 50 cm betragen.

2. Schiene zuschneiden und befestigen

Schneide die Schiene auf die Breite der Hängeschränke zu. Verwende dazu den Winkelschleifer oder eine Metallsäge. Hängst du mehrere Schränke auf, verwende eine lange Schiene, damit die Hängeschränke alle später auf einer Höhe hängen.

Dann befestigst du die Montageschiene an der Wand. Miss dazu 55 mm von deiner Linie, die die Oberkante des Hängeschranks markiert nach unten. Auf diese Linie setzt du die Montagelöcher der Schiene. Halte die Schiene an die Wand und markiere mit einem Bleistift die Löcher.

Als nächstes bohrst du die Löcher für die Dübel in die Wand. Verwende einen Bohrer mit 8 mm Durchmesser und entsprechende Dübel. Schlage den Dübel ein und schraube die Schiene mit dem Akkuschrauber fest.

3. Aufhänger am Hängeschrank befestigen

Es gibt mehrere Hersteller von Schrank-Aufhängsystemen. Wenn du die Aufhänger kaufst, bekommst du eine Montage-Anleitung, der du entnehmen kannst, an welcher Stelle du die Aufhänger an der Rückseite des Schrankes befestigst.

4. Schrank einhängen

Jetzt hängst du den Schrank oder die Schränke ein. Dann legst du eine Wasserwaage obenauf und seitlich an und richtest die Schränke mit den Stellschrauben an den Aufhängern exakt aus.

LIFEHACK: Stauraum vergrößern

Die Oberschränke bieten nicht nur innen zusätzlichen Stauraum für Geschirr oder Lebensmittel. Du kannst auch die Unterseite "befüllen": Befestige einen Magneten an der Unterseite, dort heftet du deine Messer an.

5.5. Dunstabzugshaube installieren

Ist deine Dunstabzugshaube schon älter und macht ein schreckliches Getöse? Oder hast du vielleicht gar keine und möchtest endlich eine installieren? Kein Problem auch für ungeübte Heimwerker und Heimwerkerinnen.

DU BENÖTIGST

Eine Dunstabzugshaube mit Aufhänge-Set, eine Schlagbohrmaschine, einen Schraubenzieher.

ZEITAUFWAND

15 Minuten

KRAFTAUFWAND

Mittel
Zusätzliche Person: Beim Aufhängen ist es sinnvoll, wenn eine zweite Person die Dunstabzugshaube stabilisiert, während du sie einhängst.

VORKENNTNISSE

Lesen von technischen Zeichnungen

In diesem Kapitel geht es nicht so sehr darum, wie du die Dunstabzugshaube genau aufhängst. Das hängt vom Gerät ab. Je nach Hersteller gibt es Dunstabzugshauben, die an einer teleskopierbaren Wandschiene befestigt werden, andere sind fest an der Wand oder an der Decke montiert. Die Anleitung wird mit der

Dunstabzugshaube mitgeliefert. Du musst nur die Zeichnungen interpretieren.

Wichtig ist die Vorbereitung. Es gibt zwei Arten von Dunstabzugshauben: Ablufthauben und Umlufthauben. Eine Umlufthaube installierst du, wenn es in der Küche keine Möglichkeit gibt, ein Abluftrohr nach draußen zu führen. Für eine Ablufthaube oder eine kombinierte Umluft-Ablufthaube muss ein Wanddurchbruch mit Mauerkasten oder ein Rohr zu einem stillgelegten Kamin vorhanden sein. Den Wanddurchbruch kannst du selber machen, besser aber lässt du ihn von einer Firma durchführen, die das richtige Werkzeug hat. Dasselbe gilt für den Abzug durch den Kamin.

Wenn noch keine Dunstabzugshaube vorhanden ist, musst du also entsprechende Vorkehrungen treffen, bevor du sie installierst. Danach wählst du die richtige Haube aus. Tauschst du die Dunstabzugshaube nur gegen eine neue aus, wählst du dasselbe System. Die Dunstabzugshaube sollte 50 bis 65 cm Abstand von den Herdplatten haben. Kochst du mit Gas, muss der Abstand 70 cm betragen.

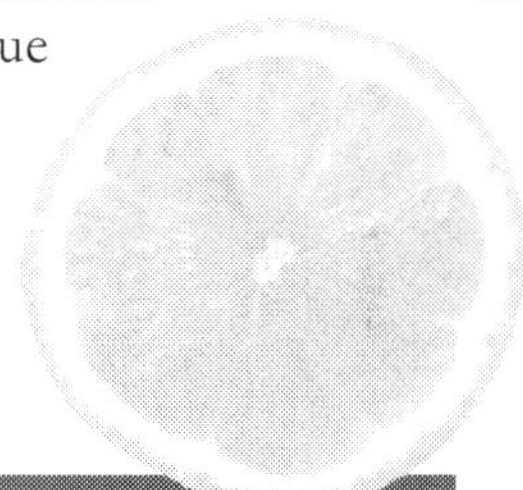

LIFEHACK: Da wurde die Zitrone sauer...

Die Unterseite der Dunstabzugshaube wird schnell fettig. Du kannst natürlich chemische Mittel zum Reinigen verwenden, viel umweltfreundlicher ist aber eine Zitrone. Schneide ein nicht zu kleines Ende ab, reibe das Metall ein, lasse die Säure ein paar Minuten wirken und wische die Dunstabzugshaube mit Küchenpapier ab.

5.6. Standherd und Arbeitsplatte abdichten

Ein Standherd ist praktisch, weil du ihn an einen beliebigen Ort in der Küche stellen kannst. Diese Mobilität hat aber auch einen Nachteil. Steht der Herd neben der Küchenzeile, entsteht immer ein Spalt, in den Fett spritzt und Krümel oder Gemüsestückchen fallen. Sinnvoll ist also, den Spalt abzudichten.

DU BENÖTIGST

Eine Metallschiene oder Silikon, eine Silikonpistole, Seifenwasser in einer Sprühflasche, Klebeband und Fugenwerkzeug.

ZEITAUFWAND

15 Minuten

KRAFTAUFWAND

Niedrig

VORKENNTNISSE

Umgang mit der Silikonpistole

Du hast zwei Möglichkeiten, den Spalt zwischen Standherd und Küchenzeile abzudichten: Entweder kaufst du eine spezielle Schiene für diesen Zweck, oder du verwendest Silikon.

Die Schiene kannst du nur verwenden, wenn Standherd und Arbeitsplatte gleich hoch sind. Du kannst den Standherd auch erhöhen. Das wird in einem anderen Kapitel dieses Buches beschrieben.

Silikon verwendest du, wenn der Herd niedriger als die Arbeitsplatte ist. Du schiebst den Herd möglichst nah an die Küchenzeile und sorgst dafür, dass er nicht wackelt, indem du die Stellfüße justierst. Dann klebst du die Seite der Küchenzeile 3 mm über dem Herd, die abzudichtende Kante 3 mm vom Rand entfernt.

Anschließend ziehst du eine durchgehende Silikonnaht in der Ecke zwischen Küchenzeile und Herd. Im Anschluss besprühst du das Silikon mit dem Seifenwasser und ziehst das überflüssige Material mit dem Eckwerkzeug ab. Tauche den Finger in das Seifenwasser und bessere die Fuge bei Bedarf nach. Warte zehn Minuten und ziehe dann das Klebeband ab. Bis das Silikon trocken ist, solltest du es nicht anfassen.

5.7. Tropfenden Wasserhahn reparieren

Plopp, plopp, plopp, aus der Küche kommt ein tropfendes Geräusch. Schrecklich, vor allem nachts, wenn man schlafen will. Du musst den tropfenden Wasserhahn natürlich nicht um Mitternacht reparieren, aber vielleicht am nächsten Tag...

DU BENÖTIGST

Mehrere Gabelschlüssel oder eine Wasser-pumpenzange, einen Inbusschlüssel, bzw. einen kleinen Schraubenzieher zum Auseinanderbauen des Wasserhahns. Du kaufst eine neue Dichtung mit Sieb für den Kopf oder eine neue Dichtung für den Hahn (diese ist größer).

ZEITAUFWAND

30 Minuten für Wasserhahn mit zwei Griffen, eine Stunde für Einhebelmischer.

KRAFTAUFWAND

Niedrig bis mittel
Je nachdem, wie fest die Armaturen sitzen

VORKENNTNISSE

Konzentration, damit alle Teile wieder an ihren Platz kommen.

Es gibt zwei Möglichkeiten, warum der Wasserhahn tropft. Entweder ist die Dichtung im Kopf verkalkt oder porös geworden, oder aber die Dichtung im Hahn selbst ist nicht mehr in Ordnung und verriegelt den Wasserhahn nicht richtig.

Dichtung im Kopf erneuern

Die Dichtung ist ein kleiner Ring im Kopf des Wasserhahns. Du musst den Kopf zuerst mit dem Gabelschlüssel oder der Wasserpumpenzange abschrauben. Dann nimmst du die Dichtung mit dem Sieb heraus, setzt eine neue Dichtung ein und schraubst den Kopf wieder zu.

Dichtung im Hahn erneuern

Um an die Dichtung im Hahn zu gelangen, musst du zuerst das Wasser abstellen. Unter der Spüle findet sich ein Griff, den du zudrehst. Tropft die Dusche, musst du eventuell das Wasser für die ganze Wohnung abstellen.

Im nächsten Schritt öffnest du den Wasserhahn, damit das restliche Wasser herausläuft. Dann schraubst du die Griffe ab. Dazu drehst du sie so weit wie möglich auf. Anschließend drehst du in derselben Richtung mit der Zange weiter, bis der Griff abgedreht ist.

Jetzt siehst du das Ventil mit der Dichtung. Schraube es heraus und die Mutter, mit der die Dichtung befestigt ist, ab. Dann nimmst du die Dichtung heraus. Am besten ist es, du kaufst eine neue Dichtung. Alternativ kannst du die alte Dichtung umdrehen. Das funktioniert aber nur, wenn die andere Seite noch glatt ist, also keine Gebrauchsspuren aufweist. Und nun baust du alles wieder in umgekehrter Reihenfolge zusammen.

Bei einem Einhebelmischer sieht die Demontage etwas anders aus. Du musst den Hebel nach oben kippen. Darunter befindet sich eine Inbusschraube, die du mit einem Inbusschlüssel löst. Es kann auch sein, dass auf dem Kopf ein Kunststoffdeckel sitzt. Diesen hebst du mit einem kleinen Schraubenzieher ab und löst die Schraube, die im Innern sitzt. Dann drehst du mit der Zange den Zierring ab und ziehst die Kartusche heraus. Du öffnest sie, indem du den Deckel abziehst. Im Innern siehst du jetzt Einzelteile, beispielsweise die Dichtung ganz unten, die du mit sogenanntem Hahnfett schmieren musst. Vorher reinigst du die einzelnen Teile aber gründlich mit Wasser und einem Lappen oder einer weichen Bürste. Sind die Teile verkalkt, entkalkst du sie mit einem Entkalkungsmittel.

HINWEIS: Drehe die Wasserhähne nie zu fest zu, dadurch gehen die Dichtung und die Griffe kaputt. Je fester du sie generell zudrehst, desto weniger Spielraum hast du später, wenn Zudrehen tatsächlich gegen das Tropfen helfen würde.

LIFEHACK: Geld öffnet alle Ventile

Am besten öffnet man die Teile des Wasserhahns mit einem passenden Gabelschlüssel. Ist deiner zu groß, steckst du eine Münze in den Spalt zwischen Mutter und Schlüssel. Schon lässt sich die Mutter lösen.

5.8. Armaturen austauschen

Sind die Armaturen in Bad und Küche veraltet oder nicht mehr dicht, musst du sie austauschen; wenn es nicht hilft, eine neue Dichtung einzusetzen.

DU BENÖTIGST

Eine Wasserpumpenzange

ZEITAUFWAND

Eine Stunde pro Armatur

KRAFTAUFWAND

Niedrig bis mittel
Je nachdem, wie fest die Armaturen sitzen

VORKENNTNISSE

Konzentration, Lesen von Anleitungen

1. Alte Armaturen entfernen

Bevor du die alten Armaturen entfernst, musst du das Wasser für die Wohnung oder für das Spülbecken direkt abstellen. Dann schraubst du die Leitungen für warmes und kaltes Wasser mit der Wasserpumpenzange von den Anschlüssen ab.

Die alten Armaturen werden abgeschraubt. Sieh dazu unter dem Waschbecken oder Spülbecken nach, wie sie befestigt sind. Meist sind sie mit einer großen Mutter festgezogen. Löse diese mit der Wasserpumpenzange. Dann kannst du die Armatur abnehmen.

Die Armatur einer Dusche musst du anders entfernen. Suche dazu die Inbusschraube unter dem Hebel oder die Schraube unter der

Abdeckung (hängt vom Modell ab). Löse diese Schraube und alle anderen, die sich im Innern der Mischbatterie befinden.

2. Neue Armatur einbauen

Die neue Armatur baust du in umgekehrter Reihenfolge ein, wie du die alte ausgebaut hast. Welche Art Armatur du wählst, ist dabei Geschmackssache. Wichtig ist nur, dass das Loch in der Spüle oder im Waschbecken mit der neuen Armatur kompatibel ist. Dann schließt du die Kalt- und Warmwasserschläuche wieder an und drehst das Wasser auf.

5.9. Kalk entfernen

Kalk ist nicht nur unschön, er kann auch dazu führen, dass Armaturen oder Geräte nicht mehr richtig funktionieren. Mit einigen Tricks kannst du auch hartnäckigen Kalk lösen.

DU BENÖTIGST

Entkalkungsmittel, wasserfeste Plastiktüte.

ZEITAUFWAND

Zehn Minuten pro Armatur oder Wasserkocher plus Einwirkzeit.

KRAFTAUFWAND

Niedrig

VORKENNTNISSE

Keine

Kalk an Armaturen entfernen

Armaturen kannst du entkalken, ohne sie abzuschrauben. Fülle dazu eine wasserdichte Plastiktüre mit in Wasser gelöstem Entkalkungsmittel. Dann Stülpst du die Tüte über das verkalkte Teil und bindest sie zu, sodass die Lösung nicht herausläuft. Lasse die Armatur über Nacht in der Tüte. Der Entkalker wirkt auch im Innern der Armatur. Am nächsten Tag spülst du die Armatur mit klarem Wasser ab.

Wasserkocher entkalken

Auch der Wasserkocher verkalkt regelmäßig. Um den Belag zu entfernen, musst du nur mit Wasser vermischtes Entkalkungsmittel in den Wasserkocher geben. Verwende ein Mittel, das für den Kocher geeignet ist, am besten Zitronensäure. Koche die Mischung auf und lasse sie eine halbe Stunde einwirken. Dann spülst du den Wasserkocher gründlich aus.

LIFEHACK: Essig statt Chemie

Im Handel gibt es diverse Entkalkungsmittel. Du kannst sie dir aber alle sparen und stattdessen normalen Essig verwenden. Nur beim Wasserkocher solltest du aufpassen, dass kein Essiggeschmack zurückbleibt.

5.10. Einzelne Fliesen austauschen

Ist eine Fliese in einer Fläche kaputt, sieht das nicht schön aus. Es ist aber noch lange kein Grund, die komplette Wand oder den Fußboden zu erneuern.

DU BENÖTIGST

Ein Fugenmesser, einen Stoßspachtel und einen Hammer, eventuell ein Cuttermesser, einen großen Schlitzschraubenzieher, einen Meißel, einen Winkelschleifer mit Trennscheibe oder einen Fliesenschneider, kleine Keile, Fliesenkleber, einen Zahnspachtel, einen Gummihammer, Fugenmörtel.

ZEITAUFWAND

Eineinhalb Stunden pro Fliese

KRAFTAUFWAND

Niedrig

VORKENNTNISSE

Es schadet nicht, wenn du schon einmal Fliesen verlegt hast.

1. Fugen auskratzen

Bevor du die einzelne Fliese entfernen kannst, musst du die Fuge ringsum auskratzen, also vom Mörtel befreien. Verwende dazu ein Fugenmesser. Anschließen stemmst du die verbliebenen Stückchen mit dem Stoßspachtel (das ist ein besonders stabiler Spachtel) und dem Hammer heraus. Ist Silikon zu entfernen, schneidest du es mit dem Cuttermesser ab.

2. Ansatz schaffen

Um die ganze Fliese heraushebeln zu können, musst du eine Ecke der Fliese ausbrechen. Nimm dazu einen Schlitzschraubenzieher oder einen Meißel.

Arbeite beim Entfernen der Fliesen von außen zur Fliesenmitte, damit du nicht aus Versehen am Rand eine andere Fliese erwischst

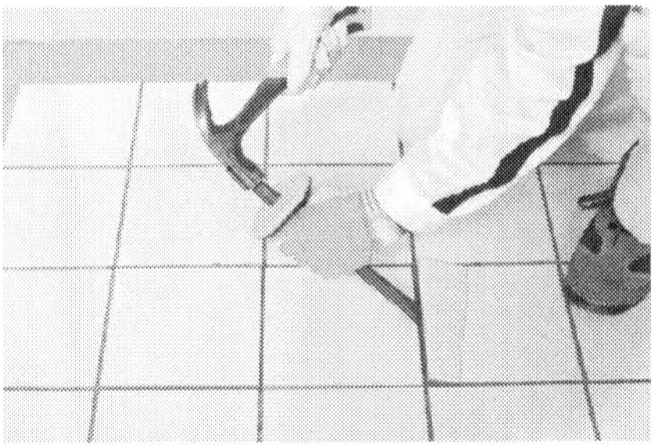

3. Fliese entfernen

Hast du eine Ecke entfernt, ist es einfach, den Meißel in die Ecke zwischen Fliese und Untergrund zu schieben und die Fliese Stück für Stück abzuklopfen. Du kannst übrigens die Fliese mit einem Fliesenhammer bearbeiten. Dieser schafft Sollbruchstellen, die Fliesenstücke lassen sich leichter entfernen.

4. Alten Fliesenkleber entfernen

Entferne nun den alten Fliesenkleber mit dem Meißel und anschließend mit einem Spachtel. Du kannst auch ein elektrisches Multifunktionswerkzeug mit Spachtel verwenden. Die Wand sollte nun eben sein.

5. Neue Fliese ausmessen und zuschneiden

Idealerweise hast du vom Fliesenlegen noch eine Originalfliese übrig, die genau passt. Wenn nicht, besorgst du dir einige andere Fliesen und schneidest sie zu. Dafür misst du zuerst die Größe des Lochs an der Wand aus. Ziehe anschließend die Fugen ab. Dann schneidest du die Fliese mit einem Fliesenschneider oder mit dem Winkelschleifer und einer Trennscheibe zu. Es kann sein, dass die Fliese bei diesem Prozess bricht. Dann musst du eine neue Fliese nehmen und sie zuschneiden.

Kontrolliere nun, ob die Fliese in das vorgesehene Loch passt.

6. Fliesenkleber auftragen, Fliese einsetzen

Trage mit einem Zahnspachtel Fliesenkleber auf die Rückseite der Fliese auf. Du solltest so viel Fliesenkleber verwenden, dass die Fliese später wieder eine Ebene mit der Wand bildet. Dann setzt du die Fliese ein und fixierst sie mit den Keilen so, dass die Fugen überall gleich breit sind. Eventuell klopfst du sie mit einem Gummihammer eben.

7. Verfugen

Ist der Fliesenkleber getrocknet, kannst du die Fugen mit Fugenmörtel füllen. Dazu nimmst du einen Spachtel. Bist du fertig, wischst du den überschüssigen Fugenmörtel mit einem feuchten Schwamm ab. Hast du vorher eine Silikonfuge an der Wand entfernt, musst du diese erneuern.

LIFEHACK: Mit dem Nagel geht es auch

Hast du weder einen Fliesenschneider noch einen Winkelschleifer, kannst du die Fliese trotzdem schneiden. Schlage dafür einen Nagel durch ein dickes Stück Holz. Dann legst du eine Führungsschiene auf die Fliese und kratzt die Oberfläche daran entlang kräftig an. Lege die Fliese mit dem Schnitt an eine Tischkante und schlage kräftig darauf. Die Fliese bricht!

5.11. In gefliesten Wänden dübeln

Einen Handtuchhalter an einer gefliesten Wand anzubringen ist gar nicht so einfach, wenn du dübeln musst. Die Fliese springt beim Bohren gerne. Hier verraten wir dir, wie es funktioniert, ohne dass du die Fliese zerstörst.

DU BENÖTIGST

Einen Körner und einen Hammer, eine Bohrmaschine mit Schlagfunktion, einen Fliesenbohrer, einen Steinbohrer, einen passenden Dübel.

ZEITAUFWAND

Fünf Minuten pro Loch

KRAFTAUFWAND

Niedrig

VORKENNTNISSE

Umgang mit der Schlagbohrmaschine

Fliesen sind glatt, da rutscht der Bohrer schnell ab. Deshalb schlägst du mit einem Körner (das ist ein spitzer Stahlstift) eine kleine Delle in die Fliese. Dort setzt du den Fliesenbohrer an. Nun bohrst du durch die Fliese. Achtung: Das solltest du ohne Schlagfunktion machen. Durch die Vibration würde die Fliese nur springen.

Hast du durch die Fliese gebohrt, kommt die Wand an die Reihe. Wenn die Fliesen an einer Gipskartonwand befestigt sind, kannst du ohne Schlag weiterbohren. Das bemerkst du sehr schnell, nachdem du durch die Fliese hindurchgebohrt hast. Besteht die Wand dagegen aus Ziegeln oder Beton, schaltest du auf Schlagbohren um und bohrst mit dem Betonbohrer so tief, wie es für den Dübel nötig ist.

TIPP: Wenn die Fugen breit genug sind, ist es besser nicht durch die Fliesen zu bohren, sondern Dübel und Schraube zwischen zwei Fliesen zu platzieren. Aber Achtung! Das funktioniert wirklich nur, wenn die Fugen breit sind. Wenn nicht, verletzt du die Fliesenkanten beim Bohren, dann können die Fliesen springen oder Stücke abplatzen. Das sieht nicht schön aus.

LIFEHACK: Nagel statt Körner

Ein Körner ist nicht in jedem Haushalt zu finden, er gehört nicht zum Standardwerkzeug. Bevor du einen kaufst, siehst du lieber nach, ob du nicht irgendwo einen großen Nagel findest. Damit kannst du die Oberfläche der Fliese auch anschlagen.

5.12. WC-Schüssel austauschen

Willst du eine neue WC-Schüssel einbauen, weil dir die alte nicht gefällt, kaputt ist oder schlecht spült? Kein Problem.

DU BENÖTIGST

Eine neue WC-Schüssel mit Anschluss-Set, eine Wasserpumpenzange, Hanf und Fett; eventuell anderes Werkzeug: Schlagbohrmaschine mit Bohrer, Metallsäge zum Schneiden des Abflussrohrs.

ZEITAUFWAND

Eine Stunde

KRAFTAUFWAND

Niedrig bis mittel
Für ein Wand-WC solltest du zum Aufhängen eine zweite Person her-beiholen

VORKENNTNISSE

Du solltest wissen, wo sich der Haupthahn für die Wohnung befindet.

Bevor du dich an die Arbeit am WC machst, musst du das Wasser abstellen. Dann löst du den Wasserzulauf am Spülkasten und am WC. Fange das Wasser, das aus dem Spülkasten und dem WC herausläuft mit Gefäßen auf.

Dann schraubst du die WC-Schüssel ab. Die Schrauben führen entweder senkrecht in den Boden oder waagrecht in die Wand. Ziehe nun das WC nach vorne. Damit ziehst du gleichzeitig den Abflussstutzen aus dem Rohr heraus. Achtung bei einem Wand-WC! Die Schüssel ist nicht ganz leicht, lasse sie nicht fallen.

Das neue WC montierst in umgekehrter Reihenfolge wie du das alte WC abgebaut hast. Stecke zuerst das Abflussrohr an die richtige Stelle. Schiebe dann das WC Richtung Wand (bzw. hänge das Wand-WC auf die beiden Schrauben) und den Abflussstutzen ins Rohr, bis du die richtige Position erreicht hast. Bei einem Stand-WC passen vielleicht die Löcher für die Befestigungsschrauben nicht mehr. In diesem Fall markierst du sie, schiebst das WC beiseite, bohrst sie mit einem Betonbohrer und steckst einen Dübel hinein. Dann bringst du das WC wieder in Position, umwickelst den Abflussstutzen am Anschluss zum Abflussrohr mit Hanf und schmierst die Stelle mit Fett ein. Jetzt ist das Rohr wasserdicht. Dann schraubst du das WC fest.

Beim Wand-WC solltest du darauf achten, dass deine neue Schüssel mehr oder weniger dieselben Maße hat und vor allem die Gewindebolzen, die aus der Wand ragen, in die Löcher passen. Dann hängst du das WC auf und kontrollierst, ob die Abflussrohre gut passen. Wenn nicht, musst du sie kürzen oder ein flexibles Rohr verwenden.

LIFEHACK: Putzpulver

In der Toilette setzen sich gerne Kalk und Urinstein ab, das ist klar. Eine richtig frische WC-Schüssel bekommst du aber mit einfachen Hausmittel: Stelle aus Backpulver, Zitronensäurepulver und etwas Spülmittel eine Paste her. Gibt die Paste in eine Eiswürfelform und lasse sie gefrieren. Wirf einen solchen Backpulverwürfel ins WC. Der Effekt ist erstaunlich.

5.13. WC-Sitz austauschen

WC-Sitze werden stark belastet: Du hebst und senkst den Deckel, dann setzt du dich auch noch darauf. Kein Wunder, dass der Kunststoff gelegentlich springt. Der neue Sitz ist aber schnell gekauft und installiert.

DU BENÖTIGST

Einen neuen WC-Sitz, eventuell einen Gabelschlüssel.

ZEITAUFWAND

15 Minuten

KRAFTAUFWAND

Niedrig

VORKENNTNISSE

Keine

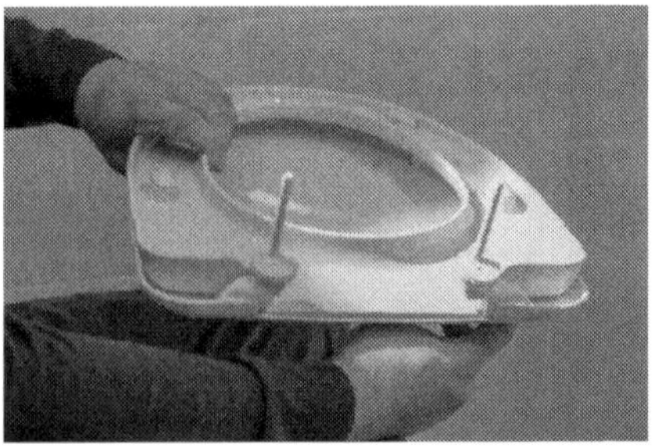

Die Sitzgarnitur des WCs ist mit Schrauben an der WC-Schüssel befestigt. Genauer heißt das, unter der WC-Schüssel findest du zwei Flügelmuttern aus Kunststoff oder Metall oder Sechskantmuttern. Diese musst du lösen, dann kannst du den ganzen Sitz abheben. Anschließend setzt du den neuen Sitz auf und fixierst die Schrauben wieder mit den mitgelieferten Muttern.

HINWEIS: Achte beim Kauf der neuen Sitzgarnitur darauf, dass die Größe stimmt und die Schrauben denselben Abstand haben wie beim alten Sitz. Passen sie nicht, bekommst du Probleme bei der Montage.

LIFEHACK: Kleben statt kaufen

Du hast sicher Sekundenkleber zu Hause. Bevor du dich auf die Suche nach einer neuen Klobrille machst, kannst du die alte kleben, wenn sie einen Sprung bekommen hat. Aber Achtung: Irgendwann bricht sie durch die Belastung wieder.

5.14. Schwingungsdämpfer an der Waschmaschine anbringen

Die Waschmaschine kommt beim Schleudern ganz schön in Fahrt und lässt bisweilen das ganze Haus erzittern. Das liegt daran, dass die Schwingungen direkt auf den Boden und damit über die Wände in andere Zimmer übertragen werden. Es ist also ein Schwingungsdämpfer gefragt.

DU BENÖTIGST

Eine Gummimatte oder Gummitöpfchen für die Waschmaschinenfüße.

ZEITAUFWAND

15 Minuten

KRAFTAUFWAND

Hoch
Zweite Person: Die Waschmaschine ist schwer. Zum Anheben brauchst du deshalb eine zweite Person.

VORKENNTNISSE

Keine

Gummimatte unterlegen

Die eine Möglichkeit, die Vibrationen der Waschmaschine zu verringern ist eine Gummimatte. Du hebst die Waschmaschine an und platzierst die Matte unter den vier Füßen. Die Matte gleicht auch Unebenheiten im Boden aus. Es besteht also weniger die Gefahr, dass die Waschmaschine durch die Vibrationen im Raum herumtanzt.

Schwingungsdämpfer für die Füße

Die Alternative zur ganzen Matte sind vier töpfchenförmige Schwingungsdämpfer aus Gummi, die du unter die Füße legst. Auch diese Töpfchen dämpfen nicht nur die Vibration, sondern gleichen auch leichte Unebenheiten im Fußboden aus. Allerdings musst du nach Unterlegen der Dämpfer trotzdem noch einmal kontrollieren, ob die Waschmaschine sicher steht.

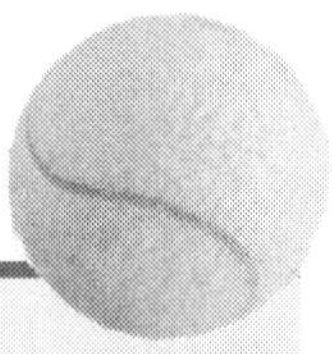

LIFEHACK: Tennis spielen

Willst du ganz originelle Schwingungsdämpfer, schneidest du vier Tennisbälle oben auf und stellst die Füße der Waschmaschine hinein. Es funktioniert nicht ganz so gut wie Gummi, peppt die Waschmaschine aber auf.

5.15. Erste Hilfe beim Rohrbruch

Ein Rohrbruch kann schnell Panik auslösen. Das ist verständlich, wenn plötzlich Wasser aus der Wand schießt oder den Keller flutet. Trotzdem solltest du einen kühlen Kopf bewahren.

DU BENÖTIGST

-

ZEITAUFWAND

Fünf Minuten

KRAFTAUFWAND

Niedrig bis mittel
Je nachdem, wie leicht sich die Ventile bewegen lassen

VORKENNTNISSE

Du solltest wissen, wo sich der Haupthahn für das Haus oder für die Wohnung befindet.

Ist das Rohr geplatzt, kannst du selbst nicht viel tun. Du gehst nur so schnell wie möglich in den Keller und drehst das Wasser für die Wohnung oder das Haus ab.

Wenn du eine Mietwohnung besitzt, rufst du den Vermieter an und informierst ihn über den Schaden. Mit ihm vereinbarst du, ob er die Reparaturfirma benachrichtigt, oder du das tun musst.

HINWEIS: Rohrbrüche entstehen manchmal durch Frost oder Korrosion. Es kann aber auch sein, dass du eine Wasserleitung erwischst, wenn du in der Küche oder im Bad in die Wand bohrst, um einen Dübel anzubringen. Prüfe deshalb genau, wo die Leitungen verlaufen. Normalerweise verlaufen die Leitungen in modernen Häusern senkrecht über oder unter dem Wasserhahn. In alten Häusern sollte das auch der Fall sein, muss aber nicht. Informiere dich am besten beim Vermieter oder sieh dir die Installationspläne an. Sind keine vorhanden, kannst du einen Multidetektor verwenden. Er zeigt dir genau an, wo Stromkabel verlaufen.

5.16. Silikonnaht erneuern

Silikon gehört überall dazu, wo Wasser ist: also in Küche und Bad. Die Silikonfuge sollte immer dicht sein, damit kein Wasser in die Wand oder andere Ritzen gelangt.

DU BENÖTIGST

Ein Cuttermesser, eventuell einen feuchten Schwamm, eine Sprühflasche mit Seifenwasser, Kreppband, Fugenwerkzeug, Silikon mit Silikonpistole.

ZEITAUFWAND

25 bis 60 Minuten pro Silikonnaht
Je nachdem, ob du nur silikonieren oder auch altes Silikon entfernen musst.

KRAFTAUFWAND

Niedrig

VORKENNTNISSE

Umgang mit der Silikonpistole

1. Vorbereitung

Lege dir alles, was du brauchst zurecht, damit du später keinen Stress hast, weil du ein Werkzeug nicht findest. Hast du noch nie silikoniert, suchst du dir eine Ecke, an der du es probieren kannst.

2. Altes Silikon entfernen

Bevor du die Silikonnaht erneuern kannst, musst du das alte Silikon entfernen. Schneide es mit dem Cuttermesser ein und ziehe es aus der Fuge heraus. Entferne auch alle Reste mit dem Cuttermesser. Eventuell muss du mit einem Schwamm und Wasser nachreiben.

Ist beispielsweise das Silikon an der Badewanne nur an einer Seite nicht mehr in Ordnung, musst du nicht alles Silikon entfernen, sondern nur eine Naht bis zur Ecke. Dort schneidest du das Silikon gerade ab.

3. Fuge abkleben

Damit die Silikonfuge gleichmäßig breit wird, klebst du die Wand und die waagrechte Fläche mit Kreppband ab. Orientiere dich dabei an schon vorhandenen Silikonfugen (meist sind es etwa 3 mm von der Ecke nach oben und auf der Fläche).

4. Silikonpistole vorbereiten

Nun bereitest du die Silikonpistole vor. Nimm die Kartusche und schneide das Hütchen oberhalb des Gewindes ab. Dann schraubst du die Tülle auf. Lege die Kartusche in die Pistole und spanne diese.

5. Silikonnaht ziehen

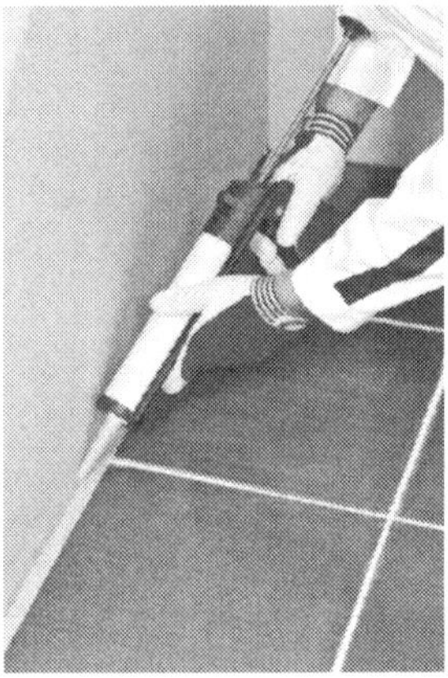

Beim Ziehen der Silikonnaht solltest du nicht zu zaghaft vorgehen. Halte die Pistole in einem 45°-Winkel zur Wand und ziehe sie in gleichmäßigem Tempo daran entlang. Gleichzeitig drückst du auf den Hebel der Pistole. Du solltest etwas mehr Silikon auftragen, als tatsächlich nötig ist, also auf jeden Fall die Ecke zwischen den Klebebandstreifen ausfüllen. Nachträglich lässt sich die Fuge schlecht auffüllen. Wenn du fertig bist, entspannst du die Silikonpistole, damit kein Dichtmittel mehr austritt und schraubst eine Kappe auf die Tülle.

6. Silikonüberschuss abnehmen

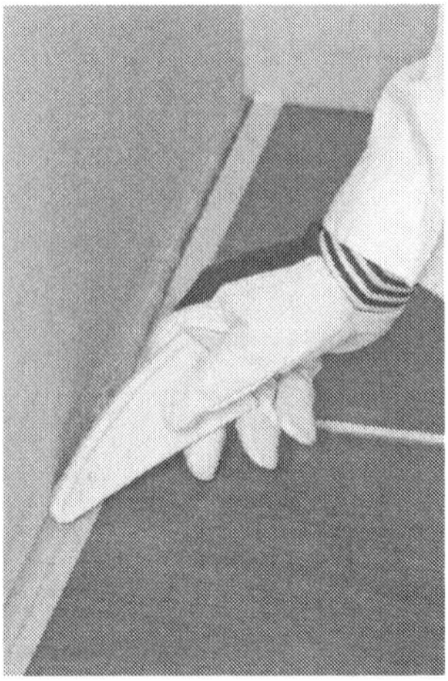

Jetzt kommt das Fugenwerkzeug an die Reihe. Das ist ein Stück Kunststoff mit abgerundeten Ecken in unterschiedlichen Radien. Wähle einen Radius, der zu deiner Fuge passt. Besprühe die Silikonnaht mit Seifenwasser. Es verhindert, dass das Fugenwerkzeug am Silikon haftet und das Silikon verschmiert. Setze das Werkzeug an einem Ende der Silikonnaht an und ziehe es langsam die Fuge entlang. Staut sich das Silikon, wischst du es an einem feuchten Lappen ab, setzt das Werkzeug wieder an und machst weiter.

Wahrscheinlich ist die Fuge am Ende nicht ganz glatt. Dann befeuchtest du deinen Finger mit Seifenwasser und besserst die unebenen Stellen vorsichtig nach. Drücke dabei aber keine Delle ins Silikon.

7. Klebeband entfernen

Nach zehn Minuten kannst du das Klebeband vorsichtig abziehen.

8. Silikonfuge verbessern

Berühre die Silikonfuge erst, nachdem das Silikon ganz trocken ist (wie lange das dauert, entnimmst du der Verpackung). Jetzt kann es sein, dass dort, wo das Klebeband war, noch ein paar Eckchen überstehen. Du kannst sie mit dem Cuttermesser abschneiden.

6

Strom, Internet und Beleuchtung

6. Strom, Internet und Beleuchtung

An alles, was mit Strom oder dem Internet zu tun hat, traut man sich als Laie nicht so gerne heran. Trotz allem musst du nicht immer den Elektriker oder Telefonanbieter anrufen. Manche Dinge gelingen dir auch mit ein wenig Übung.

6.1. Lampe anschließen

Eine Lampe anzuschließen, gehört eigentlich in jedem Haushalt dazu. Und es ist gar nicht so schwierig.

DU BENÖTIGST

Einen Elektriker-Schraubenzieher und eventuell eine Lüsterklemme und ein Kabelmesser.

ZEITAUFWAND

Zehn Minuten

KRAFTAUFWAND

Niedrig

VORKENNTNISSE

Keine

Zwei oder drei Kabel hängen aus der Decke: ein gelb-grünes, ein schwarzes oder braunes und ein blaues, eventuell graues. Der grüne Draht ist die sogenannte Erdung. Ganz selten ist dieses Kabel auch rot. Es schützt den Menschen vor elektrischen Schlägen, wenn die Lampe aus elektrisch leitfähigem Material, also Metall, besteht, vor einem Stromschlag bei Berührung. Die Erdung wird nicht an die Lampe angeschlossen. Das schwarze oder braune Kabel heißt Phase. Es versorgt die Lampe mit Strom. Und letztendlich gibt es noch das blaue Kabel, das Strom von der Lampe wegführt.

Den Kontakt zwischen den Kabeln und der Lampe stellst du über eine Lüsterklemme her. Die Lüsterklemme ist ein Kunststoffgehäuse (nicht leitend), in dem kleine Metallröhrchen stecken. In diesen werden die Drähte der Lampe und die aus der Decke miteinander verbunden, dann hat die Lampe Strom.

So. Jetzt schaltest du erst einmal die Sicherung ab. Wenn du nicht sicher bist, welche für welches Zimmer gilt, am besten für die ganze Wohnung. Wenn es jetzt dunkel ist, vertagst du das Anschließen auf morgen. Wenn du noch genügend Tageslicht hast, machst du dich an die Arbeit.

Nimm am besten eine Leiter (mit Stühlen passieren immer diese komischen sogenannten Hausfrauenunfälle. Das wollen wir nicht). Befindet sich weder an der Decke noch an der Lampe eine Lüsterklemme, befestigst du diese zuerst an der Lampe. Dazu steckst du je ein nacktes Kabelende in ein Röhrchen und ziehst das zugehörige Schräubchen an. Jetzt sitzt die Lüsterklemme fest. Ist das nackte Kabelende ausgefranst oder zu kurz und will nicht in die Lüsterklemme hinein, entfernst du den Mantel mit einem Kabelmesser. Dieses Werkzeug verwendest du auch, wenn das Kabel zu lang ist. Dann steigst du mit Lampe und Schraubenzieher auf die Leiter. Stecke die nackten Enden der herunterhängenden Drähte farblich passend in das andere Ende der Röhrchen, in denen sich schon Drähte befinden. Dann ziehst du auch diese Schräubchen an.

Im Prinzip ist die Lampe jetzt angeschlossen. Du musst nur noch eine Glühbirne hineindrehen, dann hast du Licht. Sollte dir ein Haken an der Decke fehlen, um die Lampe aufzuhängen, musst du das Problem vor Anschließen der Lampe beseitigen. Dazu befestigst du den Haken mit einem Dübel in der Betondecke (wie man richtig dübelt, erfährst du in einem anderen Kapitel), bei einer Holzdecke schraubst du ihn direkt ins Holz.

6.2. LED-Birne und Leuchtstoffröhre auswechseln

Eine Glühbirne hat wohl schon jeder gewechselt: Licht aus. Birne raus, neue Birne rein. Aber ein paar Dinge gibt es doch zu beachten. Außerdem werden heute immer häufiger LED-Lampen verwendet. Sie halten sehr lange, deshalb musst du die Birnchen seltener wechseln. Manchmal geben sie aber doch den Geist auf. Und dann gibt es noch die Leuchtstoffröhren, auch Neonröhren genannt. Sie zu wechseln ist ebenfalls nicht so einfach. Wie das alles funktioniert, erfährst du hier.

DU BENÖTIGST

Eine neue Glühbirne oder Leuchtstoffröhre.

ZEITAUFWAND

Zwei Minuten für eine Glühbirne oder LED-Lampe, fünf Minuten für eine Leuchtstoffröhre.

KRAFTAUFWAND

Niedrig

VORKENNTNISSE

Etwas Erfahrung mit Elektrik

Glühbirne auswechseln

Wie oben schon gesagt, die Glühbirne auszuwechseln ist einfach. Du musst nur die richtige Birne für deine Lampe finden. Dabei musst du zwei Dinge beachten: Zum einen gibt es unterschiedliche Fassungen. Die Birne muss aber exakt hineinpassen. Für Deckenlampen werden eigentlich immer E27-Fassungen verwendet. Nachttischlampen haben manchmal kleinere Fassungen. Außerdem musst du nachsehen, wie viel Watt deine Lampe verträgt. Das ist auf dem Schirm meist irgendwo vermerkt. Weniger Watt als angegeben ist kein Problem, mehr dagegen schon. Dann kann die Fassung schmelzen und es besteht Brandgefahr, zumindest bei Lampenschirmen aus Papier oder Stoff.

ACHTUNG: Handelt es sich bei deiner Glühbirne um LED, solltest du sie nicht mit bloßen Händen anfassen. Das Fett, das von deinen Fingern an das Glas gelangt, bewirkt, dass sich das Glas unterschiedlich erhitzt, und das kann die Lebensdauer der Birne verkürzen.

Gesteckte Halogen- und LED-Birne auswechseln

Neben den LED-Birnen, die die gewohnte Glühbirnen-Form haben, gibt es auch Birnchen mit einer Fassung, in die sie hineingesteckt werden. Diese LED ziehst du entweder einfach heraus, oder du musst sie etwas drehen, damit sich die Arretierung löst. Beim Einsetzen gehst du umgekehrt vor.

Neonröhren austauschen

Bei der Leuchtstoffröhre ist das Wechseln etwas komplizierter. Zum einen musst du deine Lampe ausmessen und eine Röhre in der gleichen Länge kaufen. Dann schaltest du den Strom ab oder ziehst den Stecker der Lampe.

Eine Lampe mit Leuchtstoffröhre ist mit einer Haube abgedeckt. Diese ziehst du ab. Vielleicht musst du dazu den Kunststoff an den Seiten leicht nach innen drücken, damit sich die kleinen Halterungen lösen. Die Röhre entfernst du dann mit einer Drehung. Drücke dabei nicht zu stark zu, die Röhren können leicht splittern. Trage eventuell Handschuhe.

Die neue Lampe setzt du von unten in die Fassung und drehst sie wieder um 90°. Dann ist sie arretiert. Anschließend setzt du die Haube auf.

6.3. Lichtschalter austauschen, Dimmer einbauen

Sehr selten geht der Lichtschalter kaputt, aber vielleicht hast du ältere Modelle im Haus und möchtest diese gegen neue austauschen. Oder aber du willst einen Dimmer einbauen. In diesem Fall musst du dich an die Schalter wagen. Im Prinzip kann das auch eine eher ungeübte Person tun. Wichtig dabei ist die Sicherheit: Egal, was du am Schalter machst, schalte vorher die entsprechende Sicherung aus! Denn eigentlich sind alle Arbeiten an der Elektrik verboten, die über das Wechseln einer Glühbirne hinausgehen. Zwar sind Lichtschalter, Lüsterklemmen und Co. im Handel erhältlich, rein gesetzlich musst du aber den Elektriker holen, wenn du den Lichtschalter auswechseln willst.

DU BENÖTIGST

Einen Elektriker-Schraubenzieher, einen neuen Lichtschalter oder Dimmer.

ZEITAUFWAND

30 Minuten pro Lichtschalter

KRAFTAUFWAND

Niedrig

VORKENNTNISSE

Etwas Erfahrung mit Elektrik

Lichtschalter wechseln

Wenn du die Sicherung abgeschaltet hast, überprüfst du mit dem Elektriker-Schraubenzieher, ob wirklich kein Strom mehr auf dem Schalter ist. Das ist am Anfang etwas schwierig. Du musst erst den sogenannten Wipper, also den eigentlichen Schalter entfernen, indem du den Schraubenzieher in den Spalt einführst und den Wipper abhebelst. Dann siehst du schon Kabel und hältst den Elektriker-Schraubenzieher daran. Du kannst auch prüfen, indem du den Schraubenzieher in das Loch einer Steckdose unter dem Schalter steckst. Mit dem Daumen drückst du auf das Metallknöpfchen am Ende des Schraubenziehers. Leuchtet im Schraubenzieher ein Lämpchen, ist noch Strom auf dem Kabel. In diesem Fall lässt du die Finger von dieser Arbeit, denn dann ist eine andere Sicherung für den Schalter verantwortlich, und das ist ein Fall für den Elektriker.

Ist alles in Ordnung, machst du weiter. Du entfernst den Rahmen des Schalters. Wenn dieser entfernt ist, siehst du rechts und links der Mitte zwei Schrauben. Die löst du ebenfalls und kannst damit die Steckdose aus der Wand lösen.

Jetzt müsstest du ein Plastikteil sehen, in dem die Adern, also die Kabel stecken. Mit dem Schraubenzieher löst du sie und ziehst das Plastikteil ab. Dann montierst du den neuen Stecker so, wie du den alten abgebaut hast.

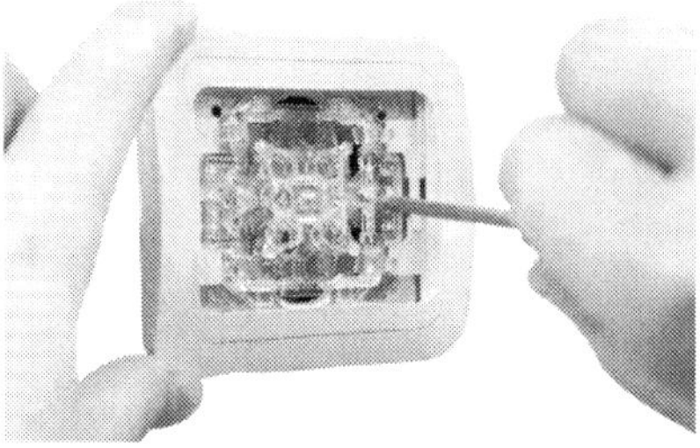

ACHTUNG: Nicht alle Schalter sind gleich. Hast du Zweifel, nimm den alten Schalter mit in den Fachhandel und lasse dich dort beraten, welchen Schalter du kaufen sollst.

Dimmer einbauen

Den Dimmer baust du im Prinzip ein wie auch den neuen Lichtschalter. Allerdings gibt es eine Sache zu beachten: Nicht alle Glühbirnen lassen sich dimmen, darunter fallen vor allem Energiesparlampen und LED-Leuchten. Wenn du unbedingt einen Dimmer einbauen möchtest, musst du nachfragen, ob deine Lampe und die Birnen dafür geeignet sind. Wenn nicht, musst du sie ebenso auswechseln.

6.4. Telefon- und Internetkabel fixieren

Oft ist die Telefondose im Flur. Warum das so ist, lässt sich nicht genau sagen; vielleicht hat das historische Gründe. Oder technische (haben die Leute früher im Flur telefoniert? War es einfacher, das Kabel nicht bis ins Wohnzimmer zu legen?) Jedenfalls ist es nicht immer praktisch, den Router auf dem Schuhschrank stehen zu haben, wenn er doch ins Wohnzimmer oder ins Arbeitszimmer gehört. Das Kabel zu verlängern ist kein Problem, aber eben, aber es muss ja irgendwohin. Dazu gibt es mehrere Möglichkeiten.

DU BENÖTIGST

Entweder nur einen Hammer und Kabelschellen oder aber, für die komplizierte Variante, einen Winkelschleifer mit Trennscheibe, einen Spachtel, Gips und Pinsel und Farbe.

ZEITAUFWAND

Drei bis zehn Minuten pro Meter

KRAFTAUFWAND

Niedrig

VORKENNTNISSE

Keine

1. Kabel in der Wand verlegen

Willst du das Kabel auf seinem Weg ins nächste oder übernächste Zimmer gar nicht sehen, musst du es in der Wand verlegen. Dazu zeichnest du die Linien mit einer Wasserwaage an und schneidest daran entlang mithilfe des Winkelschleifers und einer Trennscheibe einen Schlitz in die Wand. Er sollte so breit sein, dass das Kabel darin Platz findet. Aber Achtung: Stelle vorher sicher, dass sich keine anderen Stromkabel im Weg befinden, sonst schneidest du sie durch. Ist der Schlitz fertig, legst du das Kabel hinein, spachtelst alles mit Gips zu und überstreichst die Stelle (oder die ganze Wand).

2. Kabel mit Kabelschellen an der Wand befestigen

Viel schneller geht das Befestigen mit Kabelschellen. Das sind diese Kunststoffbögen mit einem kleinen Nagel. Du hämmerst einfach alle 50 cm eine Schelle mit dem Kabel in die Wand. Am besten verlegst du das Kabel in der Nähe der Sockelleiste, auf diese Weise sieht man es später nicht so sehr.

3. Kabelkanal

Eine weitere Lösung ist der Kabelkanal, also ein quadratisches Kunststoffrohr. Den Kabelkanal gibt es in unterschiedlichen Farben, beispielsweise Weiß, Grau oder Braun. Du öffnest den Deckel, legst das Kabel hinein und schließt den Deckel wieder. An der Wand befestigst du den Kanal mit Montagekleber oder doppelseitigem Klebeband.

4. Wanddurchbruch machen

Damit du das Kabel nicht unter der Tür durchfädeln musst, darüber stolperst oder es abknickst, kannst du einen Mauerdurchbruch machen, und das Kabel durch die Wand führen. Das klingt erst einmal kompliziert, ist es aber nicht. Du nimmst die Schlagbohrmaschine und einen sogenannten Mauerdurchbruchsbohrer mit 1 mm Durchmesser. Dann bohrst du unten seitlich des Türrahmens über der Sockelleiste ein Loch (oder eben da, wo dein Kabel verläuft) und ziehst es durch die Wand.

6.5. ISDN-Verkabelung

Immer beliebter wird das digitale ISDN anstelle eines analogen Telefonanschlusses. Je nach Hersteller unterscheidet sich die Installation etwas, und du wirst auf jeden Fall beim Kauf eine Anleitung bekommen. Hier eine Möglichkeit.

Eine TAE-Dose und eine TAE-F-Stecker, einen NTBA (Splitter).

30 Minuten

Niedrig

Keine

Du schließt zuerst die TAE-Dose an (Anleitung im nächsten Kapitel). Dann verbindest du den NTBA mithilfe des TAE-F-Steckers an der Dose. Der NTBA ist nun einsatzbereit für alle ISDN-fähigen Geräte.

Hinweis: Der NTBA benötigt Strom. Den erhält er entweder von einem Netzstecker oder aber von Geräten mit eigener Stromversorgung, beispielsweise einem ISDN-Telefon mit Netzteil.

6.6. Netzwerkdosen und -leitungen verlegen

LAN ist eine gute Alternative zu W-LAN, weil es sicherer ist. Allerdings werden dafür Kabel benötigt. Und die müssen irgendwo verlaufen und in eine Dose münden.

DU BENÖTIGST

Eine Netzwerkdose, Leitungen, einen kleinen Schraubenzieher, ein Auflegewerkzeug.

ZEITAUFWAND

30 Minuten

KRAFTAUFWAND

Niedrig

VORKENNTNISSE

Keine

Schalte die Sicherung für den Raum ab. Ziehe die Zuleitungen ein Stück aus der Wanddose heraus, entferne den Mantel an den Kabeln. Jetzt hast du zwei dicke Kabel und mehrere bunte Drähte vor dir, die du zuordnen musst. Nun nimmst du die isolierende Metalldose der Netzwerkdose, schiebst die Kabel in die Halterungen und schraubst diese fest. Jetzt geht es ans Zuordnen der kleinen Drähte. Mit dem Auflegewerkzeug drückst du die Drähte in die Quetschverbinder. Anschließend schraubst du die Metalldose zu.

Befestige nun das Kunststoffgehäuse an der Wand. Dann schraubst du die Metalldose mit den Kabeln im Gehäuse fest. Achte darauf, das Gehäuse so zu montieren, dass die Kabel nicht abgeknickt werden.

Anschließend setzt du den Rahmen auf das Gehäuse und schraubst die Blende fest. Die Dose ist fertig.

Die Kabel, die zur Netzwerkdose führen, kannst du in Kabelkanäle legen oder mit Kabelschellen an die Wand nageln. Sollen sie durch eine Wand führen, machst du am besten einen

Wanddurchbruch, damit die empfindlichen Kabel nicht abknicken (Anleitung im Kapitel "Telefonkabel fixieren").

6.7. Powerline einrichten

Eine Powerline ist eine Möglichkeit, das Netzwerk in einem Haus oder einer großen Wohnung besser zu verteilen. Die Powerline nutzt dabei das Stromnetz.

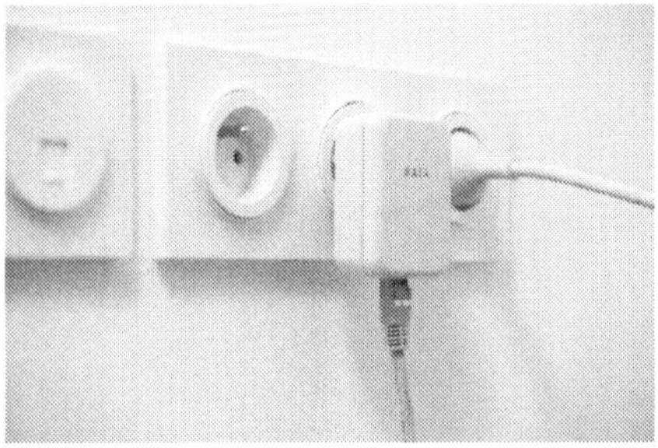

DU BENÖTIGST

Einen Router und mindestens zwei Powerline-Adapter.

ZEITAUFWAND

30 Minuten

KRAFTAUFWAND

Niedrig

VORKENNTNISSE

Keine

1. Router und Adapter verbinden

Um das Netzwerk vom Router wegzulocken und auf andere Bereiche des Hauses zu verteilen, steckst du den ersten Adapter in eine Steckdose in der Nähe des Routers. Dann verbindest du die beiden Geräte mit einem Netzwerkkabel.

2. Andere Adapter installieren

Jetzt steckst du andere Adapter dort in Steckdosen, wo du starkes Internet haben möchtest. Dann synchronisierst du alle Adapter mit der Sync-Taste. Das Netzwerk ist einsatzbereit.

Hinweis: Die Powerline-Adapter sollten eine Steckdose für sich bekommen. Nutzt du ein Verlängerungskabel oder eine Mehrfachsteckdose, an der mehrere Geräte hängen, kann das zu Leistungsverlust führen, weil sich der Adapter den Strom mit den anderen Geräten teilen muss.

7

Heizung

7. Heizung

Die Heizung ist ein wichtiger Teil des Hauses, schließlich willst du es im Winter schön warm haben. Blöd, wenn sie nicht richtig funktioniert. Einen richtigen Heizungsausfall kannst du wahrscheinlich nicht beheben, liegt der Fehler nur am Heizkörper, reichen meist kleine Maßnahmen schon, um ihn wieder zum Laufen zu bringen.

7.1. Thermostatventil auswechseln

Das Thermostatventil ist der runde Regler am Heizkörper, mit dem du einstellen kannst, wie warm du es im Zimmer haben möchtest. Thermostatventile halten eigentlich sehr lang, aber sie beinhalten mechanische Teile, die gelegentlich kaputtgehen. Manchmal klemmt der Ventilstift, dann kannst du die Heizung nicht mehr an- oder ausschalten. Der Ventilstift lässt sich aber lösen. Geht gar nichts mehr, kaufst du ein neues Thermostatventil.

DU BENÖTIGST

Eine Wasserpumpenzange, eventuell einen Hammer und WD-40.

ZEITAUFWAND

30 Minuten

KRAFTAUFWAND

Niedrig

VORKENNTNISSE

Keine

Thermostatventile bestehen aus mehreren Teilen, manche sichtbar, andere unsichtbar. Sichtbar ist der sogenannte

Thermostatkopf, an dem du drehst. Im Innern befindet sich das eigentliche Thermostatventil. Das ist die Verbindung zwischen Thermostatkopf und Heizkörper. Darin befindet sich ein Fühler z.B. ein Flüssigkeitsbehälter. Die Flüssigkeit dehnt sich bei Wärme aus und zieht sich bei Kälte zusammen. Dadurch weiß das Thermostatventil, ob es sich öffnen oder schließen muss, um mehr oder weniger heißes Wasser hindurchzulassen und den Heizkörper aufzuheizen.

Ventilstift lösen

Um den Ventilstift zu lösen, nimmst du den Drehknopf ab. An manchen Thermostatköpfen musst du nur kräftig ziehen.

Siehst du beim Thermostatknopf ein Gewinde, nimmst du die Wasserpumpenzange und drehst den Kopf ab.

Dann siehst du auch schon den Ventilstift: ein kleines Metallstiftchen. Er sollte sich mit Druck bewegen lassen. Ist das nicht der Fall, ziehst du ein wenig mit der Zange daran oder schlägst ihn mit dem Hammer vorsichtig ein Stück hinein. Will er sich gar nicht bewegen, gibst du ein wenig WD-40 an.

Thermostatventil erneuern

Gerade hast du gelesen, wie du das Thermostatventil abbaust. In umgekehrter Reihenfolge montierst du das neue Thermostatventil. Achte darauf, dass du das gleiche Modell kaufst.

TIPP: Du kannst dem Verschleiß des Thermostatventils vorbeugen, indem du es in den warmen Monaten nicht ganz zudrehst. Wenn das Ventil geschlossen ist, besteht ein Druck durch das Wasser in der Leitung, der dem Ventil schaden kann. Besonders ist das zu empfehlen, wenn du deine Heizungsanlage in den warmen Monaten ganz abschaltest.

LIFEHACK: Bessere Heizung

Bist du generell nicht so begeistert von der Leistung deiner Heizung, kannst du sie etwas optimieren: Nimm eine Styroporplatte und klebe Alufolie darauf. Diese "Isolierung" klebst du mit doppelseitigem Klebeband an die Wand hinter der Heizung. Die Wärme strahlt besser ab.

7.2. Heizkörper entlüften

Ist nur der halbe Heizkörper warm? Dann ist er nicht entlüftet. Das kannst du aber sehr schnell beheben.

DU BENÖTIGST

Einen großen Schlitzschraubenzieher und ein Stück Küchenpapier.

ZEITAUFWAND

Eine Minute pro Heizkörper

KRAFTAUFWAND

Niedrig

VORKENNTNISSE

Keine

Das Ventil, um den Heizkörper zu entlüften, findest du am, dem Regler entgegengesetzten Ende des Heizkörpers, eine Art Schraube. Du drehst das Ventil vorsichtig aus und hältst gleichzeitig das Küchenpapier darunter.

Ist das Ventil leicht offen, hörst du, wie die Luft entweicht. Irgendwann spritzt ein wenig schwarzes Wasser heraus. Dann ist die Luft entwichen, du schraubst das Ventil wieder zu. Das ölhaltige Wasser wischst du ab.

7.3. Heizungs- und Wasserrohre isolieren oder verkleiden

Freiliegende Rohre in der Wohnung sehen nicht nur komisch aus, es geht auch Wärme verloren, die eigentlich im Heizkörper oder am Wasserhahn gebraucht wird. Das verhinderst du, indem du die Rohre isolierst und verkleidest.

DU BENÖTIGST

Isolationsrohre, spezielle Sockelleisten oder einige dünne, lange Bretter und Werkzeug (Säge, Akkuschrauber, Schleifpapier, Wasser-waage), Schrankaufhänger.

ZEITAUFWAND

15 Minuten pro Wand zum Isolieren, drei Stunden für die Verkleidung pro Wand

KRAFTAUFWAND

Niedrig

VORKENNTNISSE

Keine

Leitungen isolieren

Die Leitungen isolierst du mit speziellen Schaumstoffrohren. Diese sind aufgeschlitzt, damit du sie um das Rohr legen kannst. Dort, wo sie wieder zusammenkommen, ist eine Klebekante. Du schneidest die Isolation also zu, legst sie um das Rohr, entfernst das Abdeckpapier von der Klebekante und drückst das Isolationsrohr ein wenig zusammen.

Übrigens hilft eine solche Isolation (beispielsweise im Keller, wo man gar nicht möchte, dass Wärme verlorengeht) nur, wenn sie ausreichend dick ist. Wasser- oder Heizungsrohre solltest du mit Material von mindestens 20 mm Dicke isolieren.

Leitungen verkleiden

Während die Rohre ruckzuck isoliert sind, dauert das Verkleiden ein wenig länger. Verlaufen die Rohre nah am Boden, kannst du spezielle Sockelleisten kaufen, die so konzipiert sind, dass ein oder zwei Rohre dahinter Platz haben. die Sockelleisten gibt es mit Holzimitat-Oberfläche oder aus Massivholz.

Die Alternative dazu ist, selbst eine Abdeckung zu bauen. Im Prinzip musst du dafür nur zwei Bretter rechtwinklig verbinden und schon hast du einen langen Kasten, den du auf dem Fußboden an der Wand platzierst. Darüber hinaus verdeckt er die Leitungen. In alten Häusern kann es sein, das die Leitungen weit über dem Fußboden verlaufen. In diesem Fall schraubst du dir wieder einen langen Kasten zusammen, diesmal aber U-förmig. Den hängst du mit einem Möbelaufhänger an die Wand (du hältst den Kasten an die Wand, zeichnest die Position für die Schraubenlöcher ein, dabei richtest du den Kasten mit der Wasserwaage aus). Was erst doof scheint, ist gar nicht so schlecht: Du kannst die obere Seite der Verkleidung als Abstellfläche für kleine Dinge nutzen, Fotos zum Beispiel oder Postkarten, Figürchen, Pflanzen...

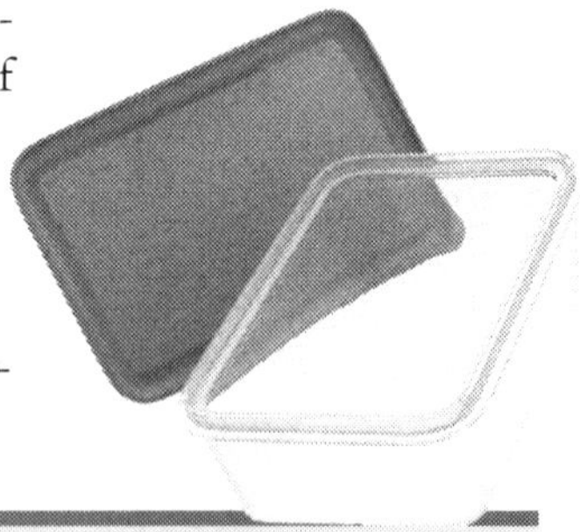

LIFEHACK: Tupperbox statt Wasserwaage

Keine Wasserwaage zur Hand? Dann nimmst du eine Tupperbox, füllst sie bis einen Zentimeter unter den Rand mit Wasser und stellst sie auf den Kühlschrank. Steht sie auf einer geraden Fläche, sollte das Wasser ringsum gleich weit vom Rand entfernt sein. Oder: Jeder hat doch ein Smartphone. Vielleicht hast du eine Wasserwaagen-App installiert?

7.4. Kaminofen reinigen

Ein Kaminofen im Wohnzimmer verbreitet angenehme Wärme und Gemütlichkeit. Leider nicht so schön ist die Tatsache, dass der Ruß ziemlich schnell sichtbar wird. Er setzt sich an der Scheibe nieder, im Rohr und im Ofen selbst. Das sieht nicht nur unschön aus, es kann sogar gefährlich werden. Also ist Reinigen angesagt. Tipp: Beginne mit dem Reinigen immer an den obersten Teilen des Ofens und arbeite dich nach unten vor. Der Sinn ist klar, oder? Wenn du unten schon geputzt hast und dann Ruß herunterfällt, musst du nicht noch einmal saubermachen.

DU BENÖTIGST

Zeitung, eine Ofenrohrbürste, einen Industrie- oder Aschestaubsauger.

ZEITAUFWAND

Eineinhalb Stunden für den ganzen Ofen

KRAFTAUFWAND

Niedrig

VORKENNTNISSE

Keine

Ofenrohr reinigen

Während regelmäßig der Schornsteinfeger kommt, um den Kamin zu säubern, bist du für die Sauberkeit und Sicherheit des Ofenrohrs, also des Teils vom Ofen bis zum Kamin, selbst verantwortlich. Übrigens brennt der Ofen besser, wenn das Rohr sauber ist, weil er mehr Luft bekommt.

Das Ofenrohr hat eine Klappe. Die öffnest du und entfernst mit einer speziellen Bürste die Rußablagerungen. Das solltest du mindestens einmal pro Heizperiode tun, damit der Ruß nicht festbäckt. So funktioniert es am besten: Du wischst nicht mit der

Bürste im Kreis herum, sondern immer nur senkrecht. Dadurch wird der Ruß gelöst und fällt nach unten, anstatt dass du ihn verschmierst und aufwirbelst.

Ruß aus dem Schornstein entfernen

Beim Reinigen des Rohrs fällt auch Ruß in den Schornstein. Du gehst anschließend in den Keller, öffnest die Reinigungstür des Schornsteins und entfernst den Ruß dort.

Ofeninneres saubermachen

Durch das Bürsten im Rohr fällt Ruß in die Brennkammer des Ofens. Dieser Teil ist folglich als nächstes an der Reihe. Sauge die Brennkammer mit einem Industriestaubsauger oder einem Staubsauger mit speziellem Aschefilter aus. Ein herkömmlicher Staubsauger kommt mit der Asche nicht zurecht. Von den Wänden entfernst du den Ruß mit einem harten Handfeger.

Aschekasten leeren

Den Aschekasten leert niemand gerne, weil sich dabei immer Aschewolken erheben. Trotzdem solltest du ihn bei regelmäßiger Nutzung des Ofens ungefähr einmal pro Woche leeren. Das beugt Überfüllung vor, die dazu führt, dass der Boden vor dem Ofen ziemlich schmutzig wird. Auch nach der Ofenreinigung ist eine Leerung angesagt, weil doch ziemlich viel Ruß in den Aschekasten fällt. Übrigens: Warte auf jeden Fall, bis die Asche abgekühlt ist. Heiße Asche darfst du nicht in die Restmülltonne füllen.

HINWEIS: Ruß entsteht durch eine ganz normale Ofennutzung. Allerdings taucht der Ruß noch schneller auf, wenn du nasses Holz oder Material verbrennst, das du eigentlich nicht verbrennen solltest, also lackierte oder verleimte Holzreste. Tu dir und der Umwelt etwas Gutes und mach das nicht.

LIFEHACK: Bürstentausch

Hast du keine Lust, dir eine Kaminofenrohrbürste zu kaufen, und benutzt du den Ofen eher selten, kannst du auch eine alte Flaschenbürste verwenden, um das Ofenrohr zu reinigen und so noch nutzen anstatt sie zu entsorgen. Der einzige Nachteil: Das Rohr darf nicht zu lang sein, sonst ist die Bürste zu kurz.

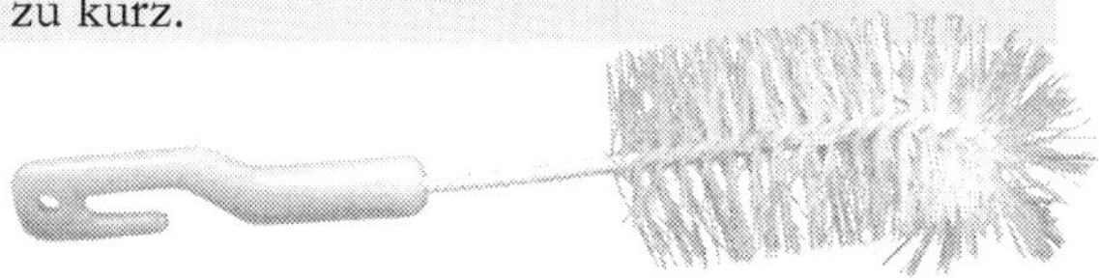

Glasscheibe des Ofens reinigen

Ofen gereinigt, Feuer an? Halt, da fehlt noch etwas. Du willst das Feuer ja sehen. Also putzt du auch die Glasscheibe. Die Glasscheibe ist eine Klasse für sich. Du kannst sie ruhig öfter als den ganzen Ofen reinigen, damit du freie Sicht auf die Flammen hast.

DU BENÖTIGST

Zeitungspapier, Reinigungsmittel für die Ofenscheibe, Glasreiniger und einen Lappen.

ZEITAUFWAND

15 Minuten

KRAFTAUFWAND

Niedrig

VORKENNTNISSE

Keine

Lege Zeitungspapier vor den Ofen und öffne die Tür. Mit Zeitungspapier und Reinigungsmittel entfernst du den groben Schmutz von der Scheibe. Anschließend putzt du das Glas noch einmal mit Glasreiniger und dem Lappen.

LIFEHACK: Mit Asche Kohle sparen

Dass die Menschen kaufen ist wichtig, damit die Wirtschaft funktioniert. Mit einem Trick kannst du beim Reinigen des Ofenglases aber Kohle sparen: Du knüllst etwas Zeitungspapier zusammen und befeuchtest es, dann nimmst du damit etwas weiße Asche auf und reibst damit über die Scheibe. Der grobe Schmutz löst sich.

Haftungsausschluss

Die Benutzung dieses Buches und die Umsetzung der darin enthaltenen Informationen erfolgt ausdrücklich auf eigenes Risiko. Der Verlag und auch der Autor können für etwaige Unfälle und Schäden jeder Art aus keinem Rechtsgrund eine Haftung übernehmen. Haftungsansprüche gegen den Verlag und den Autor für Schäden materieller oder ideeller Art, die durch die Nutzung oder Nichtnutzung der Informationen bzw. durch die Nutzung fehlerhafter und/oder unvollständiger Informationen verursacht wurden, sind grundsätzlich ausgeschlossen. Rechts- und Schadenersatzansprüche sind daher ausgeschlossen.

Das Werk inklusive aller Inhalte wurde unter größter Sorgfalt erarbeitet. Der Verlag und der Autor übernimmt jedoch keine Gewähr für die Aktualität, Korrektheit, Vollständigkeit und Qualität der bereitgestellten Informationen. Druckfehler und Falschinformationen können nicht vollständig ausgeschlossen werden. Der Verlag und auch der Autor übernehmen keine Haftung für die Aktualität, Richtigkeit und Vollständigkeit der Inhalte des Buches, ebenso nicht für Druckfehler. Es kann keine juristische Verantwortung sowie Haftung in irgendeiner Form für fehlerhafte Angaben und daraus entstandenen Folgen vom Verlag bzw. Autor übernommen werden.

Bildnachweis

© **Depositphotos Inc:** maxKobuzan, stockfoto-graf, photkas, tan4ikk, Krisdog, tuja66, DJSrki, viktorijareut, PantherMediaSeller, gavran333, Melica, Photoexpert, afefelov68, inxti74, kilukilu, AY_PHOTO, planeta_sport, scigelova, Angelika, minco.soska, roncivil, cristi180884, simazoran, belchonock, vladeephoto.gmail.com, sveta__a, Spectral, AlexShadyuk, Valerii_Honcharuk, amstockphoto, photovs, mrsiraphol pacawaca92@gmail.com, FotoHelin, Istomin, Digifuture, AndriiGorulko, belchonock, furzyk73, Giedriius, hansgeel, JAlcaraz, photographee.eu, Shell114, mkuchina, dr.lange.unitybox.de, AndrewLozovyi, csimagemakers, Looka, grigvovan, Olivier26, DenBoma, AndreyPopov, ekostsov, spe_dep, julynx, creativepriyanka, Kreativ

Impressum

Tim Staudinger wird vertreten durch
Workoutcheck e.U.
Kristin Scherzer
Eingetragenes Einzelunternehmen
Onlinehandel mit Waren aller Art
FN: 477653g, FB-Gericht: Wien
1020 Wien, Am Tabor 31/19 - Austria
tini.scherzer@gmail.com
Mitglied der WKÖ, Bundesgremium Versand-, Internet- und allgemeinen Handel
Freies Gewerbe
Gewerbeordnung: www.ris.bka.gv.at
Verbraucher haben die Möglichkeit, Beschwerden an die Online Streitbeilegungsplattform der EU zu richten: http://ec.europa.eu/odr.
Allfällige Beschwerde können auch an die oben angegebene E-Mail-Adresse gerichtet werden.

Printed in Poland
by Amazon Fulfillment
Poland Sp. z o.o., Wrocław

66232871R00096